Vinhos

Uma Festa dos Sentidos

Rogerio Dardeau

Vinhos
Uma Festa dos Sentidos

MAUAD

Direitos desta edição reservados à
MAUAD Editora Ltda.
Av. Treze de Maio, 13, Grupo 507 a 509 — Centro
CEP 20031-000 — Rio de Janeiro — RJ
Tel.: (21) 2533.7422 — Fax: (21) 2220.4451
E-mail: mauad@mauad.com.br

Projeto Gráfico:
Núcleo de Arte/Mauad Editora

Fotos (Capa e 4ª Capa):
Aristeu Souza

CATALOGAÇÃO NA FONTE
DEPARTAMENTO NACIONAL DO LIVRO

D216 Dardeau, Rogerio.
Vinhos : uma festa dos sentidos / Rogerio Dardeau . – Rio de Janeiro : Mauad, 2002.
152p. ; 13 x 21cm.

ISBN 85-7478-083-9

1. Vinhos - Degustação. 2. Vinho e vinificação. I. Título.

CDD 641.22

"Logo a seguir começaram a circular os garçons, oferecendo, em taças apropriadas, vinho branco e tinto das melhores casas brasileiras..."

"Chegaram à sala. Luana serviu duas taças de um blanc des blancs resfriado e sentou-se com ele no recanto mais aconchegante, com a melhor vista do mar."

Navegador de Liberdades (páginas 20 e 111)

Sumário

Introdução

Costumo dizer que sou um *sommelier ad hoc* e a razão é muito simples: iniciei-me no mundo do vinho na década de 1970, por puro prazer pessoal, leitura e apreciação. Em 1984, ocorreu uma transformação em minha vida que contribuiu com a evolução de meus conhecimentos. Por motivo de trabalho fui morar em... não, não foi em Paris, foi em Luanda, Angola, em plena África. O país vivia momentos tensos da guerra civil – que ninguém sabe se agora terminará – em razão da morte em combate do líder da UNITA, Jonas Savimbi. A capital estava sitiada. Nas noites dos dias de semana nada se tinha a fazer além de ler e conversar. Pode parecer muito bom; e, de fato, era. Mas não ter outra opção...

Convivíamos com o toque de recolher entre meia-noite e seis da manhã. Eu morava no hotel *Méridien* Presidente, uma bela torre que possuía gerador próprio e se destacava nas noites de apagão. Foi então que descobri, no *mâitre* residente, um *sommelier* português formado em caves francesas importantes. Construímos, *pois*, juntos, um programa de estudos sobre vinhos – específico para mim. Muitas vezes perdi a hora estudando em plena cozinha do hotel, ao sabor de muitos bons vinhos.

Jamais esquecerei aquelas lições noturnas. Elas consolidaram meu envolvimento com o incrível mundo de uma garrafa de vinho e permitiram que eu afastasse pensamentos e ouvidos da dissonância rítmica das rajadas de tiros, disparados quase sempre por medo pelos soldados, na batalha solitária do escuro das ruas.

Regressei ao Brasil um tempo depois e guardei aqueles conhecimentos, fazendo deles apenas uso pessoal.

Recentemente, em uma noite agradável do inverno carioca de 2001, jantava com Regina e meus amigos Márcia e Aristeo, quando fui obrigado a devolver duas garrafas de vinho, consecutivamente, por apresentarem rolhas vazadas. Imediatamente Márcia me perguntou se eu não gostaria de dar um curso sobre vinhos para a comunidade da escola Oga Mitá. Aceitei de pronto, sem me lembrar que eu nunca havia sistematizado ou escrito tudo que aprendera sobre o assunto e que considerava ainda pouco. Era preciso atualizar conhecimentos, redigir uma apostila, recomendar bibliografia etc. O jeito foi por mãos à obra.

O resultado aqui está. Trata-se de um texto que não tem a mínima pretensão de esgotar o tema. Vinhos têm uma imensa e rica bibliografia com a fantástica virtude do aprendizado contínuo e da complementação, uma vez que cada obra lançada traz sempre novidades. Este é, então, apenas mais um trabalho. Procuro, entretanto, descomplicar a matéria, desejando ver a cultura do vinho mais difundida entre nós, brasileiros. Quero chamar atenção para aspectos típicos do consumo do vinho em nosso país e para nossa jovem vitivinicultura. Aliás, nos cursos que dou sempre evidencio as pequenas vinícolas do sul do Brasil – às vezes nem tão pequenas –, que nos proporcionam vinhos elegantes, nos dão muito prazer e são desconhecidas, por não pertencerem a indústrias cujos volumes de produção atinjam as prateleiras dos supermercados. Considero muito importante o trabalho desses vinhateiros, pois eles vêm investindo o próprio esforço na melhoria do produto final. O Brasil já possui até mesmo o chamado vinho biológico ou orgânico, que deriva de uvas cultivadas sem agrotóxicos, herbicidas ou pesticidas. E por aí vai... Tudo isso contribuiu para ingressarmos na Organização Internacional do Vinho ou *Office International de la Vigne et du Vin*, em 1995,

O que eu não imaginava, com a iniciativa da escola Oga Mitá, é que o curso e a apostila ganhassem tanta repercussão, chegando até aos jornais e à TV. Com isso, retomei contato com a região de Bento Gonçalves, onde não ia desde 1995. Fiquei impressionado com o que encontrei: a terceira geração descendente dos imigrantes italianos, com excelente formação técnica e em plena carga de trabalho. A partir de então foram várias viagens. Tive de multiplicar as turmas, oferecendo novos cursos, e com muita alegria tenho partilhado conhecimentos.

Mas as novidades não pararam por aí. A movimentação em torno do vinho me reaproximou também de Rodrigo e Ana Cláudia de Souza Ribeiro, fundadores da Vienne Delikatessen, em Teresópolis. Conversa vai, conversa vem, acabamos por inaugurar a Vienne Vinhos, com o objetivo de comercializar vinhos finos brasileiros, orientando os consumidores, por meio de cursos, degustações orientadas, formação de garçons e tudo o que estiver ligado ao maravilhoso mundo do vinho.

Estive na serra gaúcha, em janeiro passado, e pude participar da grande euforia que está envolvendo a safra de 2002, pela associação de condições climáticas muito favoráveis a investimentos corretos. Confirmo, então, a qualificação dos vinhos brasileiros e o crescimento do interesse pelo assunto, em movimento muito favorável a produtores e consumidores.

O principal objetivo deste trabalho é tratar do vinho muito mais sob a ótica da bebida pronta do que sob a complexa realidade da vitivinicultura, a qual compreende desde os estudos de solos – as chamadas características edafológicas – e climas, até a classificação das bebidas. Faremos, entretanto, breves incursões históricas e técnicas.

No Brasil, observa-se uma grande desinformação a respeito do vinho, o que se atribui ao ambiente tropical. Penso que não é motivo suficiente, pois nossas temperaturas podem admitir o vinho, sem traumas! Porém, ainda não há uma disseminação dos rituais e suas justificativas. O ritual do vinho não é um ritual em si mesmo, mas existe por motivos muito claros. As taças, por exemplo, têm seu desenho não por capricho; mas para permitir a melhor apreciação da bebida. A temperatura ideal de consumo também não é uma "frescura", mas outra forma de melhor apreciar o vinho.

Tudo isso veremos.

Antes de começar, uma última lembrança: é claro que este trabalho está profundamente influenciado por minha condição de classe média carioca e impregnado por meus hábitos de alimentação e paladar latino, sul-americano, brasileiro!

A vontade de desmistificar o assunto tem sido minha guia por todo tempo. Acho que não tenho tido muito êxito, até porque não consegui evitar a expressão "*características organolépticas*". Mas penso haver trazido alguma contribuição, no sentido de estimular a apreciação do vinho com simplicidade, sem que se perca a beleza que o envolve, e os prazeres de uma costeleta de tambaqui na brasa, acompanhada de um *chardonnay* – com ligeira passagem por carvalho – bem resfriado ou, ainda, de uma perna de cordeiro assada, com bastante molho com um varietal de *ancellotta*.

É água na boca!

Sigamos, então. Para apreciar o vinho é necessário conviver com ele, educando nossos sentidos; fazer dele um hábito, o que, sem dúvida, será muito agradável, uma festa!

Rogerio Dardeau
(dardeau@viennevinhos.com.br)

Capítulo Primeiro

História: apenas um pouco... um aperitivo, um Porto

O vinho foi, certamente, descoberto por acaso. Alguém colheu uvas e as deixou em alguma vasilha sob a ação do tempo, então...

No curso da história há freqüentes indícios de conhecimento e uso do vinho, mas poucas comprovações científicas. Entre gregos e romanos, por exemplo, sabe-se que era conhecido, a ponto de ambos os povos terem sua própria mitologia referente ao assunto. Na Grécia antiga, Dionísio era o deus da festa, dos ciclos vitais, do vinho. Em Roma, era Baco, deus mitológico a quem se atribuía a invenção do vinho.

Em 1968, um grupo de arqueólogos trabalhava em uma escavação no Irã e encontrou um vaso que permaneceu guardado e quase esquecido durante muito tempo no Museu da Universidade da Pensilvânia, nos Estados Unidos. Certo dia, um arqueólogo e químico fascinado pela origem do vinho decidiu pesquisar um pouco mais aquele vaso de argila. Descobriu, então, que o mesmo continha um resíduo amarelado no fundo e resolveu verificar exatamente do que se tratava.

A análise demonstrou que era resíduo de vinho, com certeza. De acordo com um artigo publicado na revista científica *Nature*, o vaso datava de 5400 a 5000 a.C., fazendo do seu conteúdo o mais antigo vinho até então encontrado.

Duas substâncias encontradas no vaso deram suporte à descoberta: ácido tartárico salificado e a resina de uma árvore denominada *Terebinto*. O ácido tartárico aparece em grandes quantidades somente na uva e a resina de *Terebinto* era uma substância usada para conservar o vinho, no período entre a Antigüidade e os tempos romanos.

Os produtores daquele vinho, o mais velho vinho de que se tem notícia, foram os sumérios, que viviam onde hoje se encontra a fronteira entre o Irã e o Iraque.

Os egípcios foram outro povo que muito cedo conheceu e consumiu vinho. Uma prova disso e do cuidado que tinha para com o vinho foi a descoberta feita em 1922 na tumba do jovem faraó Tutankamon (1371-1352 a.C.). Ali foram encontradas 36 ânforas de vinho, algumas com inscrições da região, safra, nome do **comerciante** e até a inscrição "muito boa qualidade"!

Mas, entre a idade antiga e a era cristã, muita coisa mudou.

> "Ergue o cálice, dá graças e exclama: Bebei dele todos; isto é o meu sangue, o sangue do pacto de Deus com seu povo, derramado por muitos para remissão dos pecados. Faço de meu sangue vosso sangue, para que a minha vida corra nas vossas veias e o meu Espírito anime o vosso. Desde agora não beberei deste fruto da videira até o dia em que, convosco, beberei o vinho novo no Reino de meu Pai."[1]

Essa cena, talvez a celebração mais contrita e também a mais profunda da história do vinho, inaugurou a nova aliança entre a humanidade e o sagrado. Trouxe a Páscoa cristã, o novo mandamento, selou a presença do vinho **entre todos os homens**. À mesa: cordeiro, vinho, pão e o verbo de um novo tempo – eucarístico, bento, santificado.

---

[1] Frei Betto. Entre Todos os Homens. Editora Ática. São Paulo. 1997 (pg. 319)

O vinho torna-se então um dos elementos fundamentais do ritual da fé cristã. E a Igreja Católica não somente o conservou – pela ação cuidadosa de frades e congregações – como difundiu, exportou. Foram os jesuítas os primeiros a trazer a vinífera espanhola Tintilla para o novo mundo, ainda no século XVI. E foram eles mesmos a espalhá-la pelo continente americano de tal maneira que, por mais de um século, era a única variedade encontrada. Era chamada Negra Corriente, no Peru; uva del País, no Chile; e Misión, no México. Na região da atual Califórnia, diz-se haver chegado pelas mãos do franciscano Junipiero Serra, já no século XVIII.

E ficamos todos, no ocidente, embebidos de vinhos.

No entanto, nos tempos remotos, o consumo devia ser imediato, pois havia problemas de armazenamento. A guarda era feita em ânforas de barro, tampadas e seladas com lacre. Depois vieram os barris, mas era preciso consumir o vinho logo que o barril fosse aberto. No século XIX era comum comprar vinho em armazéns, para cada refeição, pois não era possível conservá-lo em casa. Com o desenvolvimento de vidros resistentes, a garrafa transformou a indústria do vinho, melhorando as condições de manuseio e guarda.

Fato marcante na história do vinho foi o aparecimento da **filoxera** (*phylloxera vitifolia* ou *vastratix*), na metade do século XIX, nos Estados Unidos. Trata-se de um parasita que, naquela época, foi transportado da Califórnia à França, em mudas de videiras. A praga ataca as raízes e, quando chegou à França, produziu verdadeiro desastre, devastando os vinhedos franceses e alastrando-se aos demais europeus. Os viticultores, no entanto, logo descobriram a solução. Verificaram que as plantas americanas tinham resistência à doença. Passaram então a enxertar as espécies européias nos troncos de videiras americanas. Hoje, praticamente quase não há videiras francas, ou seja, de espécie pura, no solo. Exceção deve ser feita ao Chile que ainda mantém o cultivo em pé franco, provavelmente em razão do solo arenoso e das barreiras naturais que o deserto de Atacama e os Andes proporcionam às regiões viníferas.

No Brasil, embora Brás Cubas tenha tido seu próprio vinhedo, na então capitania de São Vicente, por volta de 1551, a história do vinho se confunde com a imigração italiana, ocorrida a partir de 1875. Os colonos, instalados na então Isabel – atual região de Bento Gonçalves e municípios vizinhos – desenvolveram com muita luta o cultivo de videiras para a fabricação do próprio vinho. Os vinhedos se expandiram e a produção de uvas aumentou, destinando-se ao abastecimento de grandes empresas vinificadoras. A partir da década de oitenta abate-se grande crise na vinicultura brasileira. Algumas vinícolas multinacionais, como a Maison Forestier, simplesmente fecham as portas e deixam o Brasil. Outras grandes nacionais, como a Cia. Vinícola Rio Grandense, tradicional produtora dos vinhos Granja União, vão à falência. Inicia-se então um movimento dos viticultores para tornarem-se também vinicultores. Nasce a nova fase do vinho brasileiro, expandindo horizontes em volume e qualidade.

Capítulo Segundo

Conceitos Gerais

É preciso dizer que não há muitas verdades absolutas sobre o vinho, embora se diga "*in vino veritas*" – no vinho há verdade. Pior ainda, há muitas questões controvertidas. Há, porém, alguns conceitos, aos quais nos devemos familiarizar. Vamos, então, identificar os ambientes da cultura de videiras e vinhos.

Viticultura

Atividade de quem se dedica ao cultivo de videiras (viticultor).

Vinicultura

Atividade de quem se dedica à elaboração de vinhos (vinicultor).

Vitivinicultura

Atividade de quem se dedica ao cultivo de videiras e à elaboração de vinhos (vitivinicultor).

Agora, como estamos em iniciação ao mundo do vinho, sugere-se que nos apresentemos e que definamos como pretendemos manter esse entendimento.

Que nome dar a quem lida com vinho?

Enólogo – é o profissional que elabora o vinho. É um gênio, um técnico sensível, que estuda a composição do vinho, que define cortes (veja conceito adiante), que prova, que precisa estar atento a mais de 30 fenômenos durante o processo e interpretá-los com imensa sensibilidade. Gosto de compará-lo a um pintor, que se esmera a cada obra, no sentido de singularizá-la. Mesmo os melhores vinhos franceses não são absolutamente iguais, de safra para safra. Mas seus enólogos buscam incessantemente que os mesmos mantenham uma uniformidade na capacidade de nos impressionar os sentidos. A prova de que enologia é também arte é que os próprios enólogos, por mais que se dediquem tecnicamente, quase sempre se surpreendem com os vinhos que criam. A arte é imprescindível à enologia, pois, na vitivinicultura, a voz da natureza ainda é ouvida e muitas vezes condiciona fortemente os destinos dos vinhos. Cultivo de videiras e elaboração de vinhos dependem tanto de solo e de clima, que, quando um destes elementos é desfavorável, a correção dos efeitos dos mesmos dependerá exclusivamente do enólogo e de sua capacidade de agir com técnica e sensibilidade.

No Brasil, academicamente falando, somente a Escola Agrotécnica Federal Presidente Juscelino Kubitschek de Oliveira, do sistema CEFET, em Bento Gonçalves, RS, oferece cursos regulares de enologia, nos níveis médio e superior.

Sommelier – é aquele que conhece os vinhos e suas identidades; é quem domina o serviço e pode orientá-lo, ou seja, sabe servir e combinar a bebida, enfim, está totalmente envolvido pelo vinho. Em Portugal é o *escanção*. Este profissional, cuja história remonta à Idade Média, é quem faz uso do ***taste-vin***, pequeno recipiente raso com um cabo curto, quase sempre de prata, geralmente levado em um cordão ao pescoço, utilizado para prova do vinho.

Maître de Chais – é o supervisor das caves, onde estão amadurecendo os vinhos em barricas e envelhecendo outros já engarrafados. É aquele que acompanha a evolução dos vinhos adegados.

Enófilo – é o amante da bebida.

Connaisseur – é a forma de tratamento, não-oficial, geralmente dada ao apreciador que possui conhecimentos profundos sobre a bebida.

Agora, o que é vinho?

Vinho é a bebida obtida pela fermentação do mosto de uva, por ação de leveduras naturais, transformando açúcares naturais em álcoois e anidrido carbônico.

Mosto de uva é um líquido denso e muito doce, obtido do esmagamento da uva fresca, madura, e que ainda não sofreu fermentação, sobre a qual falaremos adiante.

Cepa ou **casta** é a variedade da uva. Além de serem muitas, ainda apresentam diversas denominações, segundo as regiões onde são cultivadas. Em Portugal, por exemplo, é preciso ter um glossário, tamanha a sinonímia adotada (veja apêndice específico).

A tradição vinícola é de produção a partir da misturas de vinhos, os chamados **cortes**. Os enólogos cortam (combinam, cruzam) um vinho com outro nas **cantinas**, em busca de características especiais, um trabalho de extrema sensibilidade.

Aqui é bom esclarecer logo que, na vinicultura, cantina é o lugar de trabalho dos enólogos, onde se encontram os barris, as barricas, os filtros etc., onde são **elaborados** os vinhos.

Outra lembrança: ao falar de vinhos, prefira o verbo elaborar; vinhos são elaborados. O jargão dos enólogos nos ensina que este verbo é mais expressivo do que simplesmente produzir ou, pior, fabricar.

Voltando à questão das castas, a partir da década de 1930, a praticidade norte-americana, em busca de simplificação do processo de produção de vinho, desenvolve a técnica do **varietal,** ou seja, **vinho de uma única cepa**. Tal orientação espalhou-se entre a vinicultura, notadamente no Novo Mundo. No entanto, com o crescimento da tendência, verificou-se que podia não ser tão bom às características finais dos vinhos, produzi-los a 100% da cepa. Seria bom ter um vinho com a personalidade marcante de determinada casta, complementado por algum toque de outra, a fim de se obter equilíbrio, ante a eventual insuficiência da principal em atender algum requisito desejado de cor, olfato ou paladar. Resolveu-se, então, adotar definição legal de um percentual limite para que um vinho seja considerado um varietal. Mas isso varia de país para país, como veremos ao tratar dos principais países produtores. Os portugueses preferem a denominação **monocasta**.

Como se vê, não há vinho de outra fruta que não seja a uva. Essa história de vinho de jabuticaba, vinho disso, vinho daquilo não tem sentido. A obtenção do vinho se dá a partir da espécie ***vitis vinifera***, que é apenas uma dentre várias espécies de videiras, mas que possui uma capacidade singular de acumular açúcar na proporção de 1/3 do seu volume, além de outros elementos necessários à vinificação. Portanto, vinho é somente o produzido a partir de uvas viníferas, assim especificadas, em cortes ou variedades definidas.

O vinho depende fundamentalmente de condições climáticas e do solo em que se cultivam as videiras. Não por coincidência, a produção mundial de vinhos se concentra entre os paralelos 30º e 50º, tanto no hemisfério norte, quanto no hemisfério sul. Mas já existem exceções, como a produção do Vale do rio São Francisco, no Nordeste brasileiro. Ali, as videiras encontraram solo e insolação adequados. No entanto, em função da constância da temperatura, as plantas não têm tido o descanso de que precisam. O clima quase não varia entre as estações. Isso exige intervenção de tecnologia, para preservar a produção, o que não se sabe que conseqüências trará às uvas. Até recentemente, todos os vinhos de tais colheitas nasciam de vinificação realizada em cantinas de produtores, no sul do Brasil. Mas é bom ressaltar que diversas vinícolas já construíram cantinas no próprio Vale do São francisco e lá estão vinificando.

Composição

O vinho é uma das bebidas mais puras criadas pelo ser humano. Tem entre 85% e 90% de água e as únicas substâncias estranhas, utilizadas na elaboração, são leveduras naturais, para o processo de fermentação.

Os álcoois são elementos fundamentais ao vinho. São grandemente responsáveis pela estrutura da bebida e sobretudo são essenciais ao envelhecimento, permitindo longevidade e que o mesmo atinja as melhores virtudes na maturidade. Um vinho com 11° GL ou 11% significa que tem 110 ml de álcool etílico em cada litro. Os brancos secos têm, em geral, **teor alcoólico** inferior ao dos tintos. Enquanto naqueles a graduação alcoólica fica entre 8% e 11%, nestes atinge a 13% e 14%. Os vinhos fortificados tipo 'Porto' chegam a 22%.

Os açúcares no vinho são glicose e frutose. Os ácidos são: tartárico, málico, cítrico, lático, succínico, acético.

Tipos e algumas denominações

Os vinhos podem ser brancos (de uvas brancas e de uvas tintas), rosados (vide vinificação... em rosado) e tintos. E ainda espumantes, fortificados, licorosos, secos e doces, verdes, jovens ou maduros.

Verde é todo o vinho com origem na Região Demarcada dos Vinhos Verdes – DOC – ao norte de Portugal. Trata-se de denominação bastante antiga, provavelmente decorrente do fato de que, ali, as uvas não amadurecem tanto quanto os padrões de amadurecimento de mesmas espécies em outras regiões. Além da singularidade dos vinhos, a região DOC Vinho Verde apresenta uma forma tradicional de condução de vinhas, certamente responsável pela dificuldade de maturação completa dos frutos. Trata-se da **uveira** ou **vinha de enforcado**. Por este método, plantam-se videiras (no máximo quatro pés), junto a uma árvore que, em geral, é um castanheiro, um choupo ou um plátano, rigorosamente podados. Naquela condição, deixa-se a planta crescer livremente, entrelaçando-se com os ramos das árvores de suporte. Estas videiras podem atingir enormes proporções. Não exigem espaço nem adubação próprios, satisfazendo-se geralmente com podas a cada dois anos. Assim, as plantas atingem enorme produtividade. A economia que parecem proporcionar, no entanto, resulta em vinhos de qualidade inferior; a possibilidade de doenças é grande, os tratamentos são difíceis, a maturação das uvas tardia e muitas vezes incompleta, os teores de açúcar e, portanto, de álcool sempre baixos, a vindima é feita com enormes escadas, em perigo constante. Por tudo isso, tal forma de condução vem sendo, gradativamente, substituída por sistemas mais modernos.

O vinho verde é branco ou tinto, ligeiramente gaseificado, para consumo rápido. Nunca deve envelhecer. Em geral é seco, com acidez acentuada, mas agradável e refrescante. Os vinhos verdes têm baixo teor alcoólico (8% a 11%), em razão da baixa concentração de açúcar das uvas que lhe dão origem, provavelmente em conseqüência dos microclimas da região. Mas há exceções. Os verdes brancos são, quase sempre, superiores aos tintos.

Os **Fortificados** tipo **Porto** são os que recebem aguardente neutra de vinho, antes de terminada a fermentação, a fim de deter as leveduras para que não sejam consumidos todos os açúcares da uva. Detalhamos um pouco mais, no capítulo sete, ao tratarmos da identificação do vinho português.

Vinho de Sobremesa – Vinho originário da região bordalesa de *Sauterne-Barsac*, integrante da classificação francesa de 1855, como veremos no item sobre as classificações adotadas na França. É elaborado a partir de uvas das castas *sémillon*, principalmente, mas também *sauvignon blanc* e *muscadelle*, cultivadas naquela região e que se prestam a ser afetadas pelo fungo ***botrytis cinerea***, o qual permitirá a vindima de frutas totalmente engelhadas, produzindo o mais famoso vinho de sobremesa do mundo. Certamente em razão do microclima de *Sauternes*, esse fungo, em vez de destruir as uvas, perfura-lhes as cascas e grãos, provocando a saída de água e concentrando o açúcar. As uvas assim contaminadas são chamadas ***botritizadas***, ficam com aspecto de uvas passas ou apodrecidas, o que popularizou o nome de ***podridão nobre*** (*pourriture noble*, em francês e *noble rot*, em inglês). Em *Sauternes*, a colheita das uvas *botritizadas*, é manual e diária, obedecendo ao nível máximo observável de amadurecimento. A contaminação pelo *botrytis cinerea* é um fenômeno absolutamente natural, não havendo nele nenhuma técnica humana. O fungo precisa de névoa úmida nas manhãs e tempo seco com sol nas tardes. Os vinhos de sobremesa são doces e, pela concentração do açúcar, apresentam alto teor alcoólico, podendo atingir níveis superiores aos 14° GL. A presença do *botrytis cinerea* ocorre também na Alemanha, com os *Trockenbeerenauslese*, e na

Hungria, com os *Tokajis*. Em outras regiões do mundo, onde não se dispõe da ação do *botrytis cinerea*, como em *Sauternes*, a técnica utilizada para a elaboração dos vinhos doces de sobremesa é a da colheita tardia (*late harvest*), pela qual se permite um longo amadurecimento dos frutos, obtendo-se a concentração dos açúcares. No entanto, tais vinhos, embora doces, guardam personalidade distinta dos *botritizados*.

Brandy – Para evitar confusão, vale a pena citar o *brandy*, mas logo lembrando que não se trata de um vinho. *Brandy* é a bebida destilada a partir de um vinho branco. Imediatamente após a colheita que, na França, acontece em outubro. As uvas são prensadas em prensas pneumáticas horizontais tradicionais. O suco é então deixado de imediato a fermentar. Três semanas depois da fermentação natural, sem nenhum aditivo, nem açúcar, o vinho já atingiu um volume de álcool da ordem de 8%. A partir de então, está pronto para a destilação. *Brandy* é um anglicismo derivado de *brandewijn*, vinho queimado, em holandês. Os holandeses, junto com os ingleses, foram os grandes comerciantes que decidiram destilar os vinhos, a fim de protegê-los, nas grandes viagens marítimas. Na França, nas regiões de *Cognac* e *Armagnac* (AOC's), são produzidos os melhores *brandies* do mundo. O nome conhaque, embora tenha sido internacionalizado, em razão da fama do *brandy* daquela região, hoje é privativo da bebida ali elaborada. Não confundir com **Calvados**, destilado a partir de cidra (maçã), costume do norte da França, na Normandia.

Apresentados estes conceitos, é preciso registrar que este trabalho focará principalmente os brancos e tintos secos, e alguns doces.

Idade

Quanto ao melhor tempo de vida para que seja degustado, o vinho pode ser **pronto**, quando seus atributos permitem que seja consumido jovem, ou **de guarda**, quando deve ainda permanecer em adega, para aperfeiçoar os atributos. É bom lembrar que o vinho é um ser vivo! Nasce, cresce, fica adulto e morre. Vive para dar prazer à humanidade. É muito comum se falar que o vinho quanto mais velho, melhor. Esta afirmação não procede pois, como vimos, o vinho tem infância, juventude, maturidade, velhice e morte. E cada tipo de vinho tem um determinado tempo de vida que varia, segundo os maiores especialistas, de um a 50 anos. Sendo assim, a fase ideal para degustá-lo deve considerar as características individuais do mesmo. Se o vinho, quando jovem, apresentou atributos para a guarda, será melhor consumi-lo na maturidade. Se estamos no ano de 2001 e nos apresentam um *Beaujolais Nouveau* 2001, estamos diante de um vinho para consumo imediato. Por outro lado, se encontramos um *Cabernet Sauvignon* 2000, dois anos após – geralmente prazo em que se inicia a comercialização –, caso não tenhamos sido informados sobre possibilidade de guarda, devemos prová-lo.

Mas como saber se um vinho tem aptidão para envelhecer?

O que devemos verificar?

Primeiramente, a cor. A cor precisa ser intensa e ter transparência, o que indica que o vinho teve origem de frutos maduros e sadios. Se, ao amadurecer, o vinho já passou por carvalho, certamente apresentará também evolução dos tons no envelhecimento. Os aromas precisam ter frescor e frutas, indicando a possibilidade de um futuro buquê intenso e complexo. Na boca, o vinho deverá demonstrar a presença de taninos ricos, que precisem ser domesticados. Vinhos de teor alcoólico mais elevado têm maiores possibilidades de envelhecer, apurando as virtudes.

Confirmados tais predicados, convém, então, deixá-lo adormecer por uns aninhos! Se for possível, compre uma caixa, anotando local e data da compra nos rótulos, na própria caixa ou registre como achar mais prático. Se você tem adega, elimine as caixas e retire os papéis de seda que as melhores vinícolas utilizam para proteger os rótulos. Periodicamente, abra uma garrafa e vá reconhecendo a evolução. O importante, como vimos, é que as garrafas repousem, na posição horizontal, ao abrigo da luz, no lugar mais ventilado possível. O ideal seria ter a umidade controlada entre 60% e 70% e a temperatura amena, não variando mais do que três graus. Não nos devemos importar com a poeira, que deverá ser removida, apenas antes do serviço. A limpeza regular das garrafas – em um vinho que espera a hora certa para ser consumido – não é indicada, pois implicará sacudir a garrafa, dispersando os depósitos e interferindo em reações que estejam ocorrendo no processo natural de envelhecimento. Nas caves das vinícolas, não somente a poeira permanece, como algumas aranhas são bem-vindas, pois atuam como predadores naturais de devoradores de cortiça. Aliás, é bom que se recorde: garrafas em adegas pessoais devem repousar sem cápsula. Isso permitirá perceber algum vazamento, de início, e consumir imediatamente o vinho.

Então, como armazenar o vinho?

Se não é possível ter uma adega climatizada (elas ainda são muito caras), o ideal é escolher o lugar mais ventilado da casa, ao abrigo da luz. Se você pretende construir sua própria adega, considere os seguintes detalhes: evite situá-la no alto, muito próxima do teto, pois ali estão as temperaturas mais elevadas do ambiente; também não a encoste no chão; deixe um vão entre o piso e a primeira prateleira; da mesma forma não encoste as prateleiras, divisórias ou descansos de garrafas na parede do fundo, para que o ar circule livremente. Mesmo assim, com todos os cuidados, é bom que se saiba que o processo de envelhecimento nas regiões mais quentes do Brasil, dar-se-á de maneira distinta (entre outros aspectos, mais rapidamente) do que ocorre em locais de temperatura amena. Duas garrafas do mesmo vinho, 'em guarda' pelo mesmo tempo, nos climas da serra de Teresópolis e do litoral, na cidade do Rio de Janeiro, certamente apresentarão diferença ao serem abertas para o consumo. Contudo, quando sabemos da ocorrência de uma boa safra, vale a pena comprar umas garrafas a mais para a **guarda**. Um jovem varietal de *cabernet-sauvignon*, por exemplo, pode pedir um tempo maior na garrafa para adquirir características mais expressivas.

Compra *en primeur*. Este ainda não é costume no Brasil, mas devemos buscar implementá-lo. Trata-se de adquirir determinado vinho antes que o mesmo venha, muito valorizado, ao mercado. É comum na Europa, quando se sabe da ocorrência de algum vinho especial. As próprias vinícolas apresentam, em degustações muito reservadas, as virtudes de seus produtos. Nestas degustações é possível perceber que a nobreza será alcançada determinado número de anos à frente, após o descanso nas caves. Os interessados pagam, então, antecipadamente, uma parcela da compra, quitando, ao receber, anos depois. Sem dúvida, é um investimento que, não tendo uma rápida liquidez, pode ser extremamente rentável. Do ponto de vista do enófilo, que deseja degustar grandes vinhos, pode representar grande economia.

Capítulo Terceiro

Vinho e saúde

O vinho faz bem à saúde. O consumo moderado....

Mas que consumo é esse?

Aqui residem sempre contradições. Parte da literatura admite que, quando adulto, deve-se observar o consumo de 1 grama diário de álcool por quilo; bem distinto do apregoado por outra corrente que considera a moderação com apenas 25 gramas de álcool por dia. Em geral, admite-se meia garrafa (375 ml) por refeição. Consideram-se duas meias garrafas ou uma de 750 ml, por adulto, por dia, pensando-se nos padrões normais franceses – maiores consumidores mundiais com 60 litros *per capita* por ano. Cabe aqui falar do chamado paradoxo francês. Paradoxo francês é a aparente contradição entre certos hábitos franceses e o índice de doenças cardíacas, 40% inferior ao norte-americano. A dieta, por exemplo, apresenta expressivo consumo de gorduras e o uso de cigarros é cinco vezes superior ao dos Estados Unidos. Como explicar? Pois bem, muitos especialistas afirmam que tal realidade é graças ao hábito do vinho às refeições. Mas não somente à bebida e sim à prática de alimentação à mesa, um intervalo, um momento verdadeiramente dedicado à restauração de energias, expressão, aliás, que deu origem ao vocábulo 'restaurante'. Conta-se que certo estalajadeiro francês tinha por hábito dizer *je vous restorerai* aos viajantes fatigados que lhe pediam abrigo e comida.

Afirma-se que uma refeição mais lenta pode limitar os efeitos negativos das gorduras na formação de coágulos no sangue, além de permitir estabilizar os níveis de insulina e melhor absorver o próprio álcool.

Bem, até aqui praticamente só falamos dos aspectos referentes à presença de álcool no vinho. Claro, a grande preocupação das autoridades sanitárias é sempre a questão da dependência química. Porém não são freqüentes os casos de dependência química de álcool pelo consumo de vinho. Apreciadores de vinho, em geral, não vão à embriaguez como ocorre com os consumidores das bebidas destiladas, até porque, nestas, os teores alcoólicos são bem mais elevados.

Mas que outros componentes são relevantes?

Já se sabe que o vinho aumenta o apetite, facilita a digestão e é antidepressivo. Além disso tem ação vaso-dilatadora, diurética e hepatoprotetora. A concentração de taninos tem efeito anti virótico e aumenta a resistência capilar. O vinho também protege contra a arteriosclerose e incrementa a produção do colesterol HDL, "o colesterol do bem". Constatam-se ainda estímulo respiratório e benefícios às coronárias. O Informativo FBC, da Federação Brasileira de Cardiologia, nº 28, de Janeiro/Fevereiro de 2002, afirma: "Os mecanismos pelos quais o consumo de vinho tinto pode reduzir o risco coronário incluem o aumento das taxas de HDL colesterol e inibição plaquetária, fatores que levam à lesão endotelial e formação da placa aterosclerótica." O mesmo artigo ainda nos diz: "O vinho, especialmente o vinho tinto, contém um número de compostos polifenóis, tais como o *resveratrol* e *flavonóides*, que previnem a oxidação da lipoproteína *in vivo*."

Recentes estudos comprovaram que os vinhos da serra gaúcha contêm maior quantidade de *resveratrol* do que os de outras regiões, inclusive europeus. **Resveratrol** é uma molécula que contribui para a redução da taxa do colesterol LDL, também chamado "colesterol do mal".

Philip Seldon, uma das maiores autoridades sobre vinhos nos Estados Unidos, cita um estudo que identifica a quercetina como composto fenólico que inibe a oxidação do colesterol LDL. Pelo estudo citado, a quercetina, muito presente no vinho, poderia inibir também a ação de um gene de câncer, podendo diminuir a incidência de cânceres digestivos. E, se falamos de fenóis, é bom lembrar que seus efeitos antioxidantes podem favorecer a longevidade...

Capítulo Quarto

Viti e Vinicultura ou muito antes da mesa

Degustar um vinho é uma atividade extremamente prazerosa. No entanto é sempre bom lembrar que, antes da mesa, o vinho teve algumas etapas de vida, sobre as quais é sempre bom refletir. Cada safra, por mais adequada que seja a região, por mais nobre que seja a cepa, por mais nome que tenha o produtor etc. dependerá do regime de chuvas, da insolação, da ação do enólogo e de inúmeros outros fatores.

A primeira etapa é, sem dúvida, o cultivo da videira. Depois vêm a colheita ou vindima, o transporte da uva, a vinificação, a cantina (onde acontecem clarificação, trasfega, estabilização, filtragem, cortes), o amadurecimento, o engarrafamento, o envelhecimento, o armazenamento e a distribuição. Todas estas etapas têm processos característicos que marcam definitivamente o vinho. Não é nossa intenção detalhar cada uma, até porque sobre as mesmas há muitos estudos de amplos conteúdos, mas não podemos deixar de fazer alguns comentários.

O **cultivo da videira** é um trabalho de dedicação e carinho, a cada dia utilizando mais técnica e conhecimento. Cada espécie apresenta as próprias características ampelográficas, o que leva o viticultor a necessitar do saber acadêmico, se quiser melhorar seus frutos. Reproduzir, enxertar e podar são atos de extrema relevância para o desenvolvimento da planta que, como todo ser vivo, tem seu ciclo. No Brasil, desenvolveu-se largamente o plantio pelo sistema de condução das plantas em latadas (ramadas, em Portugal), como pérgolas. Estudos têm demonstrado, no entanto, que os sistemas de condução em espaldeira (também conhecido como sylvoz), em lira ou em "Y" são mais eficientes sobretudo porque permitem melhor insolação dos frutos e drenagem das plantas. Igualmente importante é a escolha do microclima. Cada vez mais os viticultores, sobretudo os do novo mundo, buscam identificar locais cujos microclimas sejam os mais apropriados ao cultivo das videiras. Quanto mais adequada for a região, menos correções das condições de viticultura e de vinicultura serão necessárias.

A **colheita** ou **vindima** é um momento precioso. A uva precisa estar madura, o que se conhece pelo teor de açúcar, e o clima necessita estar seco. As épocas de colheita variam entre os hemisférios norte e sul, mas respeitam as estações. No sul do Brasil, a colheita vai de final de janeiro a início de abril, variando ano a ano, de acordo com o amadurecimento dos frutos.

Sobre o **transporte** da uva até a cantina, além de repisar que é mais uma tarefa que exige cuidados especiais, importa dizer que uma das principais razões para isso é evitar que ocorra uma pré-fermentação.

Para abrigar todas as etapas seguintes, a cantina precisa ser um ambiente totalmente asséptico. A higienização do local e dos equipamentos utilizados na elaboração do vinho é fundamental, evitando sobretudo a presença de bactérias que venham a contaminar a bebida.

Vinificação ...

Após a colheita das uvas maduras, preferencialmente num tempo seco, as mesmas são transportadas em caixas plásticas para as cantinas. Ali são recebidas, classificadas e pesadas. Passam, em seguida, ao desengaçamento, à prensagem e à **maceração**, período em que o mosto mantém contato com as cascas, após o início da fermentação, a fim de proporcionar ao futuro vinho cor, aroma e sabor. Atualmente algumas vinícolas vêm utilizando a chamada **maceração carbônica**. Por esse método, os cachos são colocados inteiros nos tanques de fermentação, totalmente lacrados, sendo o ar residual retirado pela injeção, geralmente, de gás carbônico. O ambiente anaeróbico proporciona a formação de álcoois sem adição de leveduras. O resultado são vinhos leves, aromáticos e de baixo teor alcoólico. Este processo é muito comum em *Beaujolais*.

... em branco

A vinificação em branco tem maior complexidade pois necessita gerar um produto claro e livre de taninos, muito presentes nos engaços, nos caroços e na casca. Exige portanto uma prensagem cuidadosa. Por isso já adota mais tecnologia. É feita em três etapas: na primeira, extrai-se o chamado **mosto-flor**, que é o mosto natural, suco que escorre pelo peso das uvas nas caixas, é, portanto, o mosto mais nobre; na segunda etapa, exerce-se uma prensagem leve que gera um mosto não tão puro quanto o primeiro e por isso não é misturado ao mesmo; na terceira etapa, a pressão é aumentada, mas não a ponto de amassar as sementes. Depois da prensagem, passa-se à fermentação, que deverá ocorrer a uma temperatura entre 12° e 14°C, devendo sofrer algumas remontagens ou homogeneizações. **Remontagem** ou **homogeneização** é o processo pelo qual o mosto que está na parte de baixo do tonel é bombeado para cima.

... em rosado

O vinho *rosé* ou rosado pode ser obtido a partir de três processos clássicos. O primeiro é conhecido como **maceração curta**. Realiza-se a partir do processo de vinificação de tintos e, como o próprio nome indica, consiste em permitir um contato controlado e breve do mosto com as cascas, período que pode variar de poucas horas a dois ou três dias, dependendo da casta de origem e da tonalidade que se deseja obter. O segundo processo é o chamado **método de prensagem**, pelo qual uvas tintas são esmagadas e prensadas como na vinificação em branco. Obviamente a prensagem será controlada, com o objetivo de obtenção da cor desejada. O terceiro método é o da mistura de vinhos brancos e tintos, que não é o mais recomendado.

... em tinto

A vinificação em tinto é mais tradicional. Não exige tantos cuidados na prensagem. O controle da temperatura, no entanto, é muito importante e necessário. Lembremos: na fermentação, o açúcar da uva é transformado em álcool pela ação das leveduras. Este é um processo que libera calor. Hoje se sabe que existem determinadas faixas de temperatura nas quais a fermentação resulta em vinhos melhores, sobretudo por preservarem os aromas. Temperaturas muito altas prejudicam os tintos e muito mais os brancos. A fermentação para os tintos deverá ocorrer a uma temperatura entre 26º e 28ºC. A possibilidade de controlar a temperatura na fermentação é fundamental ao resultado da vinificação. Enólogos apontam os avanços nas técnicas de controle da temperatura de fermentação como responsáveis pelo aumento na produção de bons vinhos. Nas tradicionais regiões produtoras dos melhores vinhos, o controle de temperatura na fermentação se dava de forma natural. Por serem regiões mais frias, quando a fermentação começava, no início do outono, as temperaturas já estavam mais baixas. Se a temperatura subisse dentro da cantina, bastava abrir as janelas para resfriar o ambiente. O mesmo não ocorria em regiões mais quentes como Portugal, sul da Itália e grande parte do novo mundo, já que no período da fermentação as temperaturas em geral continuavam bastante elevadas, a não ser em anos excepcionais, quando os vinhos saíam melhores. O resultado do calor excessivo eram tintos pesados e brancos quase oxidados, sem grande elegância. Nos últimos anos, porém, mais e mais produtores instalaram sistemas de controle de temperatura da fermentação.

Chaptalização. Em alguns anos, sobretudo em decorrência de muita chuva, as uvas não atingem os teores de açúcares necessários à liberação de álcoois. Nestes casos pode-se intervir no processo, adicionando-se ao mosto açúcares não provenientes da uva como, por exemplo, da cana-de-açúcar. Tal intervenção é proibida em alguns países, mas liberada em grande parte deles, inclusive na França. No Brasil, este recurso de correção de mosto é livre e pode ser necessário nas regiões produtoras que sofrem, com muita freqüência, chuvas intensas sobre os frutos em fase de amadurecimento. Algumas vinícolas brasileiras, porém, vêm buscando destaque, através de técnicas de plantio que permitam a produção de vinhos apenas com os açúcares naturais. Outras, como a Boscato e a Giacomin, sem descuidar da técnica, buscaram localizar-se em região de microclima mais favorável, onde as precipitações não são tão intensas, proporcionando a possibilidade de obtenção de vinhos finos sem chaptalização. Este nome deriva do criador do processo, o químico e político francês *Jean Antoine Chaptal*.

Clarificação é a etapa na qual são eliminadas, ainda na fermentação, as impurezas tipo sementes, pedaços de casca, leveduras, sais minerais e microorganismos. É uma fase muito importante na produção dos vinhos brancos.

Trasfega é a transferência de um vinho que acaba de ser produzido para um tanque limpo, a fim de livrá-lo dos diversos sedimentos que estão no fundo do tanque, inclusive os de leveduras.

Estabilização é o processo de precipitação de sais de potássio e de cálcio, ao qual se submete o vinho, pela redução da temperatura a menos de 0ºC, em tanques isotérmicos, por um período que varia de 10 a 15 dias, objetivando ter um vinho límpido.

A **Filtragem** é a última limpeza para garantir a maior limpidez possível.

Cortes são as combinações de dois ou mais vinhos, a critério do enólogo, a fim de obter determinado conjunto de características. Tais características desejadas, porém, não podem ser garantidas ao absoluto. Cortar vinhos, como se pode imaginar, é tarefa delicada, pois nem todas as uvas oferecem possibilidades de combinação. É mais uma arte, consolidada no velho mundo, característica dos vinhos de lá. Entre nós, as casas Angheben e Don Laurindo têm centrado esforços na produção de vinhos cortados, já havendo conseguido ótimos resultados.

Amadurecimento e **Envelhecimento** são etapas conseqüentes, nas quais ocorrem transformações químicas, físicas, biológicas e enzimáticas que vão determinar as características organolépticas do vinho. Como vimos, essa palavra difícil nada mais representa do que a propriedade de impressionar os sentidos. No amadurecimento, o vinho ainda está em tonéis de aço ou de madeira e ali adquire estabilidade e limpidez. Piletas ou cisternas de concreto não são mais utilizadas na elaboração de vinhos finos, no Brasil, embora ainda se encontrem para tal finalidade na França. O amadurecimento em barris de madeira confere aos vinhos inúmeras características, de acordo com o tipo e a origem da mesma. O **carvalho** é a madeira de excelência para a construção de tonéis que, em si mesma, é outra arte. O carvalho francês é o mais tradicional. O norte-americano, porém, já tem lugar de destaque. Algumas vinícolas brasileiras vêm importando barricas de carvalho australiano; outras optam por trazer a madeira da França ou do Canadá e montar por aqui mesmo as barricas. Vinhos amadurecidos em carvalho novo são, em geral, mais expressivos e, portanto, mais caros.

Há uma corrente de vinicultores que defende a produção de vinhos sem a passagem por barris de carvalho. Entre estes há os que adicionam essência da madeira e os que simplesmente eliminam-na.

Os movimentos na cantina, sobretudo nas trasfegas, expõem o vinho aos últimos contatos com o ar e permitem a absorção de oxigênio. A partir do engarrafamento, o oxigênio passa a inimigo. É nesta etapa, descansando nas caves, que o vinho se afina, muda de cor, adquire o buquê. Os vinhos finos brasileiros, em sua ampla maioria, ainda não apresentam capacidade para um longo envelhecimento.

Na **distribuição** final, uma forma de transporte adequada é absolutamente relevante. Embalagens e caminhões precisam proteger os conteúdos, principalmente nas estradas brasileiras, assoladas por altas temperaturas e pavimentadas irregularmente, na maior parte do país. Quanto aos importados, vinhos trazidos da Europa que fiquem armazenados no porto, em *containers* não climatizados, debaixo de nosso calor tropical, estão fadados a se alterar.

Importa, então, que falemos de **armazenamento** e **guarda**. Não raras vezes pedimos um vinho em um restaurante e recebemos uma garrafa quente. Já vi alguns lugares que armazenam vinhos em cima de geladeiras – recebendo o calor dos motores –, perto dos fogões, nas janelas, recebendo o sol. Não dá! Conservar um vinho exige atenção, principalmente na maior parte do território brasileiro, onde a temperatura ambiente, quase sempre, está acima dos 20ºC.

Capítulo Quinto

Degustação

Sentidos e Características Organolépticas

O vinho é um encontro de sentidos!

Os grandes técnicos dizem que apreciar o vinho envolve o uso de três sentidos: a **visão**, para apreciar a cor, os tons; o **olfato**, para sentir os aromas; o **paladar**, para sentir o sabor.

Poeticamente, no entanto, prefiro dizer – e não sou original – que no vinho encontram-se os cinco sentidos. Somam-se aos três básicos o **tato**, pelo envolvimento de nossas mãos com as taças e a **audição**, quando produzimos sonoros tintim por saúde e felicidade.

Aliás, conta-se que o hábito de dizer saúde ao brindar veio de tempos imemoriais, quando era precária a conservação dos alimentos (a geladeira não havia sido inventada) e, não raro, encontravam-se nas refeições ingredientes estragados, ensejando os votos de boa saúde.

Então, vamos degustar! **Degustar** nada mais é que apreciar, beber com atenção aos sentidos, com atenção às impressões que a bebida traz aos sentidos.

Apreciar a **Cor** é o início formal da degustação e, certamente, trata da percepção menos ampla. Os tintos podem evoluir do violáceo ao marrom, passando pelo rubi e o alaranjado ou telha, como preferem os franceses. Os de tons escuros do rubi mostram capacidade de envelhecer, enquanto os claros destinam-se ao consumo rápido. Os vinhos brancos, por sua vez, podem ser esverdeados, citrinos, palha, ouro e ouro velho. Os tons escurecidos, a partir do amarelo-esverdeado, indicam envelhecimento, enquanto a palidez, a cor quase água, indica um vinho vazio, pobre.

Mas como observar melhor a cor e os tons?

É muito simples! Incline a taça para a frente, sempre segurando pelo pé da mesma, até que o líquido se aproxime da borda, adquirindo o desenho de uma unha. Nessa posição será possível perceber, de forma mais apurada, as nuanças e a cor. Diz-se que é a "evolução da unha".

O **Olfato** é provavelmente o sentido mais amplo de apreciação, ou seja, apresenta grande variedade de identificações. Primeiramente porque o cérebro humano tem capacidade de registrar uma quantidade superior a dois mil **aromas**, que podem habitar os vinhos; tanto os bons aromas, vindos da fruta, do solo, dos barris e os decorrentes da evolução da bebida; como os desagradáveis, ocorridos de transformações diversas, por doenças ou defeitos. Depois porque os aromas de um vinho são apreciados em três níveis: os **primários** – aqueles que se descobrem diretamente ao inalar a bebida; o **secundário** ou **retrogosto**, percebido internamente à boca, pela trompa de Eustáquio. É um conjunto de sensações finais, percebidas depois que o vinho foi deglutido; o **terciário** e mais complexo, o **buquê**, ou efeito produzido pela dissipação dos éteres e dos ésteres voláteis que evanescem do vinho e se introduzem narinas adentro. O buquê é característico dos vinhos envelhecidos, um conjunto de sensações olfativas adquiridas pelo vinho no ambiente reduzido da garrafa, englobando também os aromas primários e secundários.

Muitos se intrigam com os diversos aromas que podem ser identificados em um vinho. A explicação, no entanto, é bastante simples. Como sabemos, as transformações físicas, químicas e enzimáticas que ocorrem até a abertura da garrafa são muitas e em presença de substâncias elementares que também participam da formação de outras matérias. Assim, ao identificarmos o aroma de maçã verde em certo vinho branco, isso certamente está ocorrendo em razão da presença, naquele vinho, de alguma substância elementar componente daquela fruta e que confere à mesma seu aroma característico. Apreciar os aromas exige conhecimento prévio dos mesmos. Que tal passear por um mercado ou uma feira e reconhecer aromas de frutas, legumes, verduras e outros comestíveis? E mais ainda, que tal prestar mais atenção aos aromas da vida?

O **Paladar**, por sua vez, assume maior complexidade, já que a identificação de sabores tem denominações pouco usuais aos não-iniciados. De forma direta percebemos, auxiliados por nossa língua, o salgado, o doce, o ácido e o amargo. Percebe-se o doce com a ponta da língua; o salgado se nota na borda anterior, logo em seguida à ponta, e no centro; o ácido se sente na lateral e o amargo na parte posterior. Há, porém, inúmeras percepções intermediárias, que se originam do *caráter*, da *personalidade* e de outras características do vinho.

São denominações usuais para os sabores: adstringente ou rascante, agressivo, áspero, austero, aveludado, chato, cozido, duro, gorduroso, macio, nervoso, pastoso, redondo, sápido, tânico e outras que englobam também o olfato e são apresentadas no capítulo oitavo.

Apreciar os gostos de um vinho demanda um paladar atento. Os franceses geralmente o aguçam comendo maçã verde antes da degustação. Este fruto ativa a sensibilidade de nossas papilas gustativas. Ao contrário, os queijos, sobretudo os gordos, amortecem a sensibilidade das mesmas.

A importância dos sentidos na apreciação de um vinho já nos remete a uma lição fundamental: ao apreciarmos um vinho sob qualquer sentido, este sentido deverá estar livre de influências. Embora a percepção humana tenha capacidade de distinguir imensa variedade de cores, aromas e sabores, separá-los e apreciá-los, em um ambiente influenciado por cores, aromas e sabores de outras coisas, que não o vinho é muito mais difícil – quando não impossível. Um exemplo: ao inalarmos o aroma é desejável que o ambiente esteja, tanto quanto possível, livre de odores. Imaginemos a inalação dos aromas de um vinho numa loja de perfumes. Seria inviável. É claro que o exemplo é um exagero, mas serve para chamar a atenção. A própria pele muito perfumada pode comprometer a sensação dos aromas do vinho. Conta-se, aliás, que os franceses desenvolveram o costume das taças com hastes longas para distanciar da bebida mãos perfumadas, tão comuns na própria cultura.

Certa noite, degustava um vinho na casa de amigos, em uma ilha. Anoitecia e a presença de mosquitos era grande. Passei, então, produto repelente com cheiro intenso em toda a pele. Lá se foi a apreciação dos aromas do vinho. Questões semelhantes devem ser postas, evidentemente, a todos os demais sentidos. A propriedade de impressionar os sentidos é conhecida por organoléptica. Assim, falamos de **características organolépticas** de determinado vinho ao nos referirmos às sensações visuais, olfativas e gustativas que aquele vinho proporciona.

Uma lembrança importante: um vinho pode evoluir no copo. Isso significa que, após servido, novos aromas vão sendo identificados, o conjunto das características organolépticas vai-se definindo.

Orientações aos iniciantes

Se você é iniciante e deseja se aproximar do impressionante mundo do vinho, sugerimos que tenha calma e comece seguindo algumas orientações.

Agora que você já sabe o que é um varietal e o que são as características organolépticas de um vinho, escolha uma determinada variedade (*cabernet sauvignon*, *merlot*, *chardonnay*, *riesling* etc.) e busque identificar as características marcantes da mesma durante certo período, por exemplo, um mês, consumindo apenas a variedade escolhida. Identifique a cor, os tons, os aromas e os sabores. Em seguida, mude de produtor, mantendo a variedade. Quando se sentir seguro naquela variedade, passe para outra e assim por diante, navegando entre tintos e brancos e os comparando. Ao se sentir mais firme entre os varietais, comece a experimentar os cortes. Identifique um e, conhecendo as uvas que o integram, procure identificar as características de cada uma e como se apresentam na mistura. O próximo passo será conhecer os cortes clássicos internacionais, tipo bordalês, borgonha, piemontês etc. Agora é só avançar entre os diversos tipos de vinho, países, regiões...

Capítulo Sexto

Anatomia do vinho

Talvez pareça exagero, mas uma garrafa de vinho reúne, no mínimo, seis elementos – todos com funções relevantes: a garrafa em si mesma; o conteúdo, obviamente; a rolha; a película de proteção ou cápsula; os rótulos e contra-rótulos; as informações.

Garrafa

A garrafa foi elemento absolutamente decisivo para o desenvolvimento da indústria do vinho. Entre o final do século XVII e o início do século XVIII, os ingleses conseguiram produzir a garrafa de vidro forte. A partir de então, diversos tipos de garrafa foram e seguem sendo criados. As principais garrafas são:

Bordalesa – de ombros fortes e desenhados, com pescoço reto, é, sem dúvida, a mais utilizada. Abriga, entre nós, os Don Laurindo, os Vallontano e tantos outros.

Bourguignonne ou **borgonhesa** – é aquela garrafa mais baixa do que a bordalesa, sem ombro, cujo corpo se afina suavemente até o gargalo. Presente no Brasil com mais freqüência entre os brancos, como o Cavalleri Chardonnay.

Carmagnola e ***bocksbeutel*** (saco de bode) – dois tipos muito semelhantes. São baixinhas e bojudas. A mais estreita (*bocksbeutel*) nos traz os vinhos alemães da Francônia. A outra apresenta alguns vinhos regionais, como o tradicional Mateus (*rosé*) português e, no Brasil, nos traz o Velho Museu.

Châteauneuf du Pape – o tradicional vinho francês da região do *Rhône* já não é o único a utilizar a própria garrafa, fundamentalmente uma *bourguignonne*. Como marca, apresenta um alto relevo talhado no vidro, acima do rótulo, com as armas papais, símbolo do Vaticano, lembrando a época em que a sede do papado era Avignon.

Alsaciana – típica dos brancos alemães, fina e alta, com o corpo emagrecendo levemente até o gargalo.

Holandesa – um pouco mais larga e mais baixa do que a bordalesa, sendo a curva do pescoço mais acentuada.

Champenoise – abrigo universal dos espumantes.

Fiasco – a tradicional palhinha imortalizada pelos *chiantis* italianos, sendo um dos mais conhecidos no Brasil o *Ruffino*. Sem a tela de palha, apresenta, entre nós, o Cabernet Franc da casa Don Giovanni.

Caymus – uma variação da bordalesa, na qual os ombros são mais largos do que a base. É um desenho muito elegante. Nesta garrafa é apresentado o Boscato Gran Reserva Cabernet Sauvignon.

Madleine – também um modelo no qual os ombros são mais largos do que a base. Este porém consistindo de uma garrafa mais baixa do que a *Caymus*, o que acentua a diferença. Ficou muito conhecida no Brasil por receber, durante muitos anos, os vinhos Granja União, elaborados pela antiga Companhia Vinícola Rio Grandense.

Além dos tipos mencionados, há outros, com denominações próprias, inspiradas em personagens bíblicas, segundo a capacidade volumétrica. *Jeroboam* é a garrafa cuja capacidade corresponde a, mais ou menos, 4 garrafas comuns ou, aproximadamente, 3 litros (é a *double magnum* dos americanos); *Rehoboan*, a 6 garrafas comuns ou 4,5 litros; *Mathusalem*, a 8 garrafas ou 6 litros; *Salmanazar*, a garrafa que abriga o conteúdo de 12 comuns ou 9 litros; *Baltasar* corresponde a 16 garrafas comuns ou 12 litros; *Nabucodonosor*, entre 18 e 22 garrafas comuns, mais ou menos 15 litros. Há ainda o modelo *magnum* (com um formato semelhante ao da garrafa bordalesa comum, mas em dimensões maiores), pouco conhecido no Brasil, porém muito difundido nos Estados Unidos, ante a praticidade de comportar um litro e meio (o equivalente a duas garrafas normais), portanto em quantidade de consumo familiar, mais econômico. O modelo *champenoise* também é fabricado naquelas capacidades maiores. O tradicional champanhe de comemoração da Fórmula 1, no automobilismo esportivo, é apresentado na *champenoise*, tamanho *Jeroboam*. Que aflição ver todo aquele champanhe posto aos ares, a cada pódio! Na França, há denominações por capacidade que podem ser diferentes entre *Bordeaux* e *Champagne*. Em *Bordeaux*, por exemplo, encontramos a garrafa *Marie Jeanne*, para 2,5 litros. Em *Champagne* a de 6 litros é chamada *Impérial*.

Engarrafamento e Rolhas

As rolhas também têm papel importantíssimo, uma vez que o contato com o ar, depois do engarrafamento, é nocivo à conservação e à evolução do vinho. Os sistemas modernos de engarrafamento dispõem de mecanismos de extração do ar residual antes de arrolhar. Para isso injeta-se um gás inerte que expulsa o oxigênio e ocupa o espaço entre o líquido e a rolha. Se isso não for feito, o oxigênio presente em tal espaço fará o vinho oxidar, ainda que levemente.

Mas a ausência absoluta de oxigênio é improvável. É sempre possível que reste oxigênio em pequenas proporções, suficiente para provocar oxidação. Portanto, o que se deve evitar de todo modo é que haja na garrafa quantidade de oxigênio residual capaz de oxidar o vinho.

As rolhas devem necessariamente atender a três requisitos: pequena quantidade de poros; elasticidade (quanto maior, melhor) e tamanho, que pode atingir 7 cm nos grandes vinhos. No Brasil, o padrão (não regulamentado) de rolhas é de 4,5 cm, havendo algumas que chegam a 5 cm, como a adotada pela Boscato em seu Gran Reserva Cabernet Sauvignon. O tamanho se torna relevante não somente pela segurança que transmite, quanto à conservação do vinho, mas também por permitir a impressão de informações como safra, nomes, brasão da casa produtora e outras.

A matéria-prima comum das rolhas é a **cortiça**, casca da árvore de **sobreiro** (*quercus suber)*, pouco encontrada no Brasil. As maiores produções estão em Portugal, na Espanha e no Senegal. Atualmente vêm sendo pesquisadas rolhas sintéticas. Teoricamente podem conseguir um fechamento excelente para a garrafa, mas ainda não se conhecem, totalmente, os efeitos no contato com o vinho. E, o pior, não são nada fáceis de extrair com os saca-rolhas tradicionais, pois aderem fortemente ao vidro. Recentemente uma indústria francesa apresentou uma rolha de cortiça que recebe uma camada de silicone na parte que entra em contato com a bebida, objetivando proteger o vinho de eventuais doenças de rolha. Há também pesquisas sobre as tampas de rosca. As chamadas *stelvin* já estão sendo largamente utilizadas na Nova Zelândia. Os produtores prometem vedação absoluta e a possibilidade da guarda de garrafas em pé, além de alardearem baixos custos, ainda por dispensarem cápsulas. Talvez seja o caso de nos adaptarmos a essa nova estética!

Cápsula ou película de proteção

Trata-se de uma proteção à rolha para que a mesma não seja atacada durante o armazenamento da garrafa. Há proteções de diversos tipos. As mais sofisticadas podem conter estanho. Antigamente continham chumbo, mas este metal foi desaconselhado pelas suspeitas que se tem sobre a ação do mesmo contra a saúde. As mais difundidas são de resina sintética plástica. Nunca deve estar totalmente solta, podendo ser girada com facilidade. Espaço entre a cápsula e a garrafa é entrada de inimigos do vinho, desejosos de rolha. Alguns produtores vêm adotando um tipo de garrafa com gargalo desenhado para evitar que o vinho escorra pelo pescoço da mesma, após servida a taça. Tais garrafas não levam cápsulas, mas geralmente têm um selo de papel colado apenas sobre a rolha ou sobre a superfície do gargalo com a rolha. Algumas cápsulas são perfuradas na área sobre a rolha. Entendem os produtores desses vinhos que, respirando, as rolhas conservarão melhor a elasticidade. As cápsulas têm ainda a bizarra função de evitar a fraude, pela qual vinhos de qualidade superior pudessem ser trocados por outros inferiores, com a utilização de saca-rolhas que não danificam as mesmas.

Rótulos e contra-rótulos

Os rótulos são a identidade do vinho. São fundamentais não somente pelas informações que devem conter, como veremos a seguir, mas também pela estética, em combinação com as garrafas. Há o rótulo principal e o secundário (contra-rótulo). O primeiro pretende espelhar o produtor e a bebida. O outro busca dedicar-se a informações complementares. Alguns vinhos adotam ainda o rótulo de gargalo, uma pequena gravata, que pode trazer notas relevantes.

Informações

Algumas informações contidas nos rótulos dos vinhos obedecem a determinações legais dos respectivos países. Todavia deve-se observar que, quanto mais amplas forem as informações prestadas pelo produtor no rótulo, melhores serão as condições de uma escolha adequada às nossas expectativas. Entretanto é bom registrar que somente as informações do rótulo não são suficientes ao consumidor exigente. Precisamos estar informados sobre o mundo do vinho, que deveria estar mais presente em nossos noticiários. Quem sabe informar, por ter visto no noticiário corrente, se tal safra foi boa ou ruim? Ao lermos o ano da safra no rótulo, necessitamos da informação sobre como foi tal safra naquela região a fim de consolidar a informação. Em princípio, os rótulos e os contra-rótulos podem conter as seguintes informações, entre outras: nome; produtor; ano de estabelecimento; região (origem); uva ('cepagem' – varietal ou corte – *assemblage*); safra; tipo ou classificação (varia com o país de origem); enólogo; parecer do enólogo ou do *sommelier* da casa produtora; selo de medalha ou título; graduação alcoólica; conservante; importador (quando for o caso); validade; combinações ou harmonizações.

Comentemos as informações

Nome – é a identificação principal do vinho, não devendo ser confundido com variedade de uva e nem com região produtora.

Produtor – é a empresa que elabora; pode coincidir com o nome.

Ano de estabelecimento – pode indicar tradição.

Região – nos faz verificar se o produto vem de uma região vinífera ou demarcada; se vemos no rótulo a indicação de uma região não caracteristicamente vinífera, recomenda-se buscar informações complementares que venham a suprir nossa necessidade de identificar as qualidades do produto. No Brasil, ainda não há definição legal de regiões viníferas, além da recente IP Vale dos Vinhedos (vide capítulo sétimo).

Tipo – trata-se da identificação se é tinto, branco ou rosado.

Uva – trataremos especificamente nas partes dedicadas aos Brancos e aos Tintos; vale apenas agregar que a indicação da uva no rótulo é um costume tipicamente dos produtores do novo mundo, não sendo verificado nos países produtores tradicionais do velho mundo, como França, Itália, Portugal e Espanha, até porque ali a arte do corte está enraizada na vinicultura.

Safra ou **vindima** – é a declaração do ano da colheita da uva. A legislação consagrada nos países produtores determina que o vinho deve ser 100% proveniente do ano declarado. É outro dado que depende de um conhecimento prévio, para uma análise mais acertada. A literatura específica internacional informa freqüentemente as categorizações de safras nos países de produção tradicional. No Brasil, a Embrapa (Empresa Brasileira de Pesquisa Agropecuária), em geral, emite Comunicados Técnicos sobre as safras, no entanto, os mesmos são pouco divulgados. As **vindimas brasileiras** estão assim categorizadas, a partir de 1982: cinco estrelas – as safras de 91 e 99; quatro estrelas – 97, 96, 86 e 82; três estrelas – 95, 94, 90, 88, 87 e 85; duas estrelas – 98, 93, 92, 89, 84 e 83.

Classe ou **Classificação** – é a indicação que mostra onde está situado o produto, no conjunto de convenções ou disposições legais do país, a respeito do vinho.

Quantidade produzida e **numeração da garrafa** – Duas informações que podem demonstrar certos cuidados especiais, se apresentadas em conjunto. Saber que foram produzidas 25.000 garrafas de certo vinho e que se tem em mãos a de número 16.397 é, sem dúvida, um tratamento diferenciado do consumidor. A informação do número da garrafa perderá o sentido, caso não saibamos quantas foram produzidas. No entanto, a informação isolada da quantidade produzida já é um cuidado.

Enólogo – confere valor e credibilidade ao vinho. Imagine ter uma garrafa assinada pelo célebre enólogo francês *Émile Peynaud* ou pelo famoso enólogo português João Portugal Ramos.

Parecer do enólogo ou **do *sommelier* da casa produtora** – pode ser boa informação, se não for apenas comercial.

Selo de medalha ou **título** – vinhos participam constantemente de concursos, que atribuem prêmios sob as formas de medalhas (ouro, prata etc.) ou títulos (melhor *merlot* da exposição, por exemplo). Em geral as casas produtoras de vinhos premiados colam selos relativos às premiações nas garrafas. É informação relevante ao leigo.

Graduação alcoólica – contribui na escolha de acompanhamentos e na identificação da possibilidade de envelhecimento, sendo também cumprimento de dispositivo legal.

Conservante – dá mostra dos cuidados do produtor. Em geral deve-se buscar por anidrido sulfuroso ou PV, consagrado mundialmente, em vez de outras denominações ou produtos.

Importador – conhecer o importador pode ser importante. Se é uma empresa idônea, terá buscado produtos de qualidade, compatível com as faixas de preços.

Condições de transporte – outra interessante informação. Alguns produtores fazem acordos com os distribuidores internacionais e declaram a forma de tratamento do vinho no transporte, por exemplo: "Este vinho foi transportado em *container* climatizado." Se o vinho foi transportado em *containers* climatizados, tudo bem. Caso contrário, má notícia: o vinho poderá estar alterado.

Validade – muito cuidado! Todo bom vinho tinto deve ter validade indeterminada, desde que guardado na posição horizontal e sob condições normais de temperatura e umidade. Suspeite dos tintos que definem prazo de validade. Quanto aos brancos, sabemos que salvo aqueles que, por definição, são maduros (e não são tantos), a grande maioria deve ser consumida ainda jovem, preferencialmente até três anos. Mas devem estampar validade indeterminada, afinal o consumo é a gosto do freguês.

Tempo de Guarda – Se é um vinho de guarda, não seria nada mal ter a recomendação do produtor quanto ao tempo mínimo de envelhecimento.

Combinações ou Harmonizações – sofisticação genial de alguns produtores! Excelente auxiliar na hora da escolha do vinho mais adequado ao prato que desejamos servir ou que prato harmonizar ao vinho disponível.

Capítulo Sétimo

Origem e Identidade do Vinho

Identificar o vinho significa conhecer uvas, regiões, safras, legislação específica e classificações, o que se aprende com o tempo. Historicamente, a demarcação de regiões pode ser definida como um dos mais antigos sistemas de reserva de mercado. A região do Vinho do Porto, no Vale do rio Douro, em Portugal, pode ser considerada como a precursora das regiões demarcadas, havendo protegido a própria produção em meados do século XVIII – portanto mais de cem anos antes do sistema francês de 1855. A Indicação de Procedência, as Denominações de Origem (DO), as Denominações de Origem Controlada (DOC) e as Denominações de Origem Controlada e Garantida ou Qualificada (DOCG ou DOCQ) são identificações que pretendem estabelecer relações indissociáveis entre o vinho produzido na origem especificada e as características da natureza, do produtor e do processo de produção. Trata-se de assumir o moderno conceito de rastreabilidade, elemento essencial dos sistemas de certificação de qualidade dos tempos contemporâneos. Aplicar esse conceito na elaboração de vinhos significa dizer que, para obter uma denominação de origem, determinado vinho deverá apresentar as características daquela região, previamente reconhecidas e certificadas. Assim são verificados: solo; clima; cepa; viticultura; vinificação; amadurecimento e outros aspectos. É importante ainda anotar que os sistemas de certificação já começam a exigir dos produtores compromissos de responsabilidade social, tais como proibição de trabalho infantil e cuidados com o meio ambiente.

Fiscalização e certificação do atendimento às condições da origem ficam, geralmente, sob a responsabilidade de órgãos governamentais ou institutos especializados, oficialmente reconhecidos.

Os termos **Controlada, Garantida** e **Qualificada** apenas buscam trazer novos elementos de garantia ao consumidor, hierarquizando os produtos.

Muitos países produtores de vinhos no novo mundo já têm leis específicas sobre o assunto, regulamentando regiões produtoras, processos e classificações, não exatamente como acontece no velho mundo, mas criando referências técnicas e legais importantes à produção e ao consumo. A seguir, apresentamos alguns países produtores de vinhos e suas características.

Comecemos por nossa terra.

BRASIL

A legislação brasileira sobre vinhos não é muito boa. Embora defina algumas classificações, tende a proteger o produtor, o que poderia ser compreensível, se considerarmos que são dispositivos legais preocupados em fortalecer a produção nacional. Agora, quando o consumo de vinhos no Brasil começa a se elevar e a produção a se qualificar, é preciso também pensar nos consumidores e melhorar a legislação, já que nem o dispositivo de denominação de origem existe entre nós. No entanto, acaba de ser regulamentado o primeiro selo de procedência para produto alimentício nacional, exatamente para vinhos elaborados no Vale dos Vinhedos, em Bento Gonçalves, Rio Grande do Sul. O selo de origem é avalizado pela Associação dos Produtores de Vinhos do Vale dos Vinhedos (APROVALE). A Indicação de Procedência é a partida para a implantação de um sistema de controle de origem e teve início com o registro do Vale dos Vinhedos no INPI (Instituto Nacional de Propriedade Industrial) como indicação geográfica de região produtora de vinhos. Para ter direito ao selo, a vinícola deve comprovar que pelo menos 85% das uvas provêm da localidade indicada, no caso o Vale dos Vinhedos, entre outros requisitos de ordem técnica, como o controle da acidez volátil e do uso de anidrido sulfuroso, além de submeter seus vinhos a um conselho regulador que os aprova ou recusa. Vinícolas de Nova Pádua e de Flores da Cunha estão se organizando para habilitar-se à indicação geográfica, através da APROMONTES (Associação de Produtores de Vinhos dos Altos Montes). De igual maneira, produtores da chamada região dos vinhos de montanha, em Pinto Bandeira, também já iniciaram o próprio movimento, criando a ASPROVINHO.

Entre os primeiros vinhos a ostentar o selo de IP, numerado e com os dizeres: **Vale dos Vinhedos – Indicação de Procedência**, todos da safra 2001, estão os brancos Cavalleri Chardonnay, Miolo Chardonnay e Don Cândido Riesling, e os tintos Don Laurindo Tannat e Merlot.

Podem-se localizar, no Brasil, as seguintes regiões produtoras, independentemente do tipo de vinho que elaboram, as quais poderão vir a ser classificadas futuramente: no Nordeste, Petrolina, em Pernambuco; Casa Nova e Lagoa Grande, na Bahia; no Sudeste, Andradas, Caldas, Poços de Caldas e Sta. Rita, em Minas Gerais e São Roque, em São Paulo; no Sul, além da tradicional região de Bento Gonçalves, são consideradas, ainda no Rio Grande do Sul, Bagé, Candiota, Canela, Caxias do Sul, Dom Pedrito, Encruzilhada do Sul, Farroupilha, Flores da Cunha (maior produtor brasileiro, em volume), Garibaldi (capital brasileira do espumante), Gramado, Monte Belo do Sul, Nova Pádua, Nova Roma do Sul, Pinheiro Machado, Pinto Bandeira, Santana do Livramento, Veranópolis, Viamão e mais Curitiba, no Paraná, e Urussanga, em Santa Catarina.

O vinho no Brasil tem as seguintes classificações, conforme a Lei 7.678 de 8 de novembro de 1988:

a. Classe (classe da uva): **vinho de mesa** – elaborado com uvas comuns; **vinho de mesa fino** ou **vinho fino** (a expressão "de mesa" neste caso é optativa) – elaborado exclusivamente a partir de uvas viníferas ou européias.

b. Tipo ou classificação quanto à cor: tinto, rosado ou *rosé* e branco.

c. Classificação quanto aos teores de açúcar (em gramas de açúcar por litro, pelas normas brasileiras): seco (até 5g/l), meio seco ou *demi-sec* (de 5,1g/l a 20g/l) e suave (acima de 20,1g/l).

d. Graduação alcoólica.

Os vinhos que declaram a variedade da uva com a qual foram elaborados são os **vinhos varietais** e os que não o fazem são **vinhos genéricos.** Para isto a empresa deve comprovar junto ao órgão fiscalizador a existência do vinho na cantina e a presença no produto de no mínimo 60% da variedade citada; com o Mercosul passará para 75%. O saldo deverá ser completado com vinho de variedade pertencente ao mesmo grupo, ou seja, uma variedade nobre pode ser **cortada** com outra nobre: *Cabernet Sauvignon* com *Cabernet Franc* ou *Merlot*, mas não com *Bordeaux* ou *Isabel.*

Sob meu ponto de vista, podemos classificar os produtores nacionais de vinhos finos, na atualidade, em quatro categorias, observando a opção de negócio de cada empresa, a classificação dos vinhos que produzem, os volumes e a destinação dos produtos. Para conhecer sobre classificação, pontuações atribuídas aos vinhos em avaliações oficiais e denominações específicas dadas aos vinhos, segundo o intervalo de pontos em que se apresentam, veja o capítulo décimo-segundo.

Grupo Grandes Produtores: vinícolas de grandes produções de vinhos **razoáveis** ou **simples**, destinados ao grande público quase que exclusivamente por meio dos supermercados. (vide critério de avaliação que define os termos **razoável** e **simples**, no capítulo décimo-segundo)

Grupo Médios Produtores: vinícolas com produções bem menores do que as do grupo anterior, preocupadas em apresentar vinhos **bons**, destinados também ao consumidor de supermercado, mas que investem na elaboração de vinhos melhores, na busca de alguns produtos com resultado **muito bom**. (vide critério de avaliação que define o termo **bom** e a expressão **muito bom**, no capítulo décimo-segundo)

Grupo Pequenos Produtores em crescimento: vinícolas de pequeno porte que buscam conquistar a produção de vinhos **bons**, diferenciados e pretendem permanecer pequenas em volumes. Ainda não saíram da oferta regional.

Grupo Pequenos Produtores em excelência: vinícolas de pequeno porte, ocupadas essencialmente da produção de vinhos **muito bons**, mas que perseguem a excelência e destinam seus produtos a consumidores exigentes. Em geral, não estão presentes em supermercados. Apresentam-se por meio de venda direta, *delicatessens*, restaurantes, hotéis e pousadas. (vide critério de avaliação que define a expressão **muito bom** e os termos **excelente** ou **excepcional**, no capítulo décimo-segundo)

ALEMANHA

A legislação alemã define a classificação a seguir, além de consignar que é varietal o vinho que tiver um mínimo de 85% da variedade declarada: *Tafelwein* (Vinho de Mesa); *Deutscher Tafelwein* (Vinho de Mesa Alemão); *Deutscher Landwein* (Vinho de Terras Alemãs); *Qualitätswein Bestimmten Anbaugebeit* "QbA" (Vinho de Qualidade das Melhores Regiões); *Qualitätswein Mit Prädikat* "QmP" (Vinho de Qualidade com Predicados); *Kabinett* (Reserva); *Spätlese* (Colheita Tardia); *Auslese* (Colheita Selecionada); *Eiswein* (Vinho de Gelo) – vinho de sobremesa, elaborado a partir de uvas praticamente congeladas, colhidas tardiamente, sob frio intenso; *Beerenauslese* (Colheita de Bagos Selecionados); *Trockenbeerenauslese* (Colheita de Bagos Secos Selecionados) – "*trocken*" significa seco.

Na Alemanha, um vinhedo pode estar constituído de pequenos lotes de proprietários diversos e estes têm o direito de terem os próprios nomes apresentados nos rótulos dos vinhos. Com isso, é comum observar vinhos cuja denominação se compõe de seguinte forma: o nome do proprietário do lote ou vinha, em letras maiores; a localidade e a vinícola, em uma outra linha; a variedade e o tipo de vinho, concluindo a definição.

Melhores Regiões: As 13 melhores regiões, nas quais os *QbA*s e *QmP*s podem ser produzidos, são as seguintes, considerando inclusive duas regiões da ex-Alemanha Oriental: *Ahr* (única produtora de vinhos tintos, exclusivamente, mas de consumo local), *Mittelrhein, Mosel-Saar-Ruwer, Nahe, Rheingau, Burgenland, Rheinpfaltz, Franken, Hessische Bergstrasse, Baden-Würtemberg, Saale-Unstrut* e *Sachsen*.

Uvas: Principais brancas: Riesling, Müller-Thurgau, Silvaner, Gewürztraminer, Weissburgunder (Pinot Blanc) e Rülander (Pinot Gris). Principais tintas: Spätburgunder (Pinot Noir), Portugisier e Trollinger.

ARGENTINA

Adota denominações de origem, ainda não legais, por região, sub-região, província, departamento e vales. A chaptalização (adição de açúcar de cana ao mosto, em safras desfavoráveis) é proibida. Na Argentina, os varietais devem possuir 75% da cepa declarada.

Principais regiões: ao norte – *Jujuy*, *Salta* e *Catamarca*. Ainda ao norte, no *Valle del Tulum*, estão as regiões de *Rioja* e *San Juan*. Ao centro está a região mais importante: *Mendoza*, que já tem duas denominações de origem demarcadas, nos seguintes distritos – *Luján de Cuyo* e *San Rafael* – este com os seguintes sub-distritos: *Paredes*, *Alto de las Paredes* e *Rama Caída*; ainda na região de *Mendoza* estão os distritos de *Agrelo*, *Drumond*, *Maipú*, *Perdriel*, *Rivadavia*, *Rodeo de la Cruz* e *Tupungato*. Ao sul estão *Rio Negro* e *Neuquén*.

São da região de *Mendoza* as seguintes casas, que podem ser referência em nossas procuras: *Balbi*, *Calvet*, *Club Privado*, *Chandon* (*Valmont*), *Escorihuela*, *Esmeralda* (*Catena*), *Flichman*, *Goyenechea*, *José Orfila*, *Lagarde*, *La Rural*, *Lavaque*, *La Vignoble*, *Lopez*, *Luigi Bosca*, *Martelén*, *Martins*, *Navarro Correas*, *Norton*, *Perez Cuesta*, *Robino*, *Rodas*, *Santa Ana*, *San Telmo*, *Sainte Sylvie*, *Simonassi-Lyon*, *Suter*, *Tittarelli*, *Trapiche*, *Valentin Bianchi*, *Weinert*.

AUSTRÁLIA

A denominação é controlada pelas chamadas GI – *Geographic Indication*, que podem ser por estados, zonas ou regiões. Não há muita rigidez nessas denominações, já que não são legais. No entanto, o *Label Integrity Programme* fiscaliza a indústria e garante as informações prestadas pelos produtores nos rótulos. Pela legislação, um vinho para declarar uma determinada casta, ou seja, ser varietal, precisa ter um mínimo de 85% da variedade declarada. Uma das particularidades do país é também dispor de vinhos multivarietais ou *assemblages*, nos quais as cepas devem ser assinaladas em ordem decrescente de importância.

Os números de um determinado tonel (*bin*), constante em muitos vinhos australianos, referem-se mais à marca, do que a um vinho originado exclusivamente de um só tonel.

CHILE

O Chile, embora produza alguns vinhos excepcionais classificados com cinco estrelas, não possui um sistema legal de classificação que atenda às exigências dos consumidores para escolhas melhor orientadas. Lá também não estão definidas denominações de origem por lei, ainda que sejam conhecidas regiões, sub-regiões, zonas, cidades e sedes. Rodrigo Alvarado Moore, especialista chileno, sugere cinco categorias, sendo as três principais: Vinhos Comuns, identificados com os produtos de massa, podendo inclusive ser varietais, mas pouco expressivos, no máximo *muito bons*; Varietais Intermediários – os tintos podem assumir quatro estrelas, os brancos, no máximo três. Primeiro Time: vinhos que chegam às cinco estrelas. Tal classificação, porém, não facilita a identificação, já que depende do conhecimento das casa produtoras e das marcas. Até recentemente, apenas vinhos destas três mais expressivas categorias vinham sendo exportados para o Brasil. Agora já se encontram, também, vinhos das mais simples. No Chile, os varietais precisam ter 75% da variedade declarada. Aliás, alguns da variedade *Cabernet Sauvignon* atingem cotações excepcionais em avaliações e concursos.

Apresentamos a seguir algumas áreas produtoras e suas principais vinícolas, com alguns dos vinhos mais notáveis, citados entre parênteses: ao norte – ***Valle del Aconcagua*** – Errázuriz Panquehue (Don Maximiano Reserva 1999); ***Valle del Casablanca*** – Baron

Phillipe Rotschild, Villard, Viña Casablanca (Sauvignon Blanc 2001); ***Valle del Choapa, Valle del Elqui.*** Ao centro – ***Valle del Maipo*** – Aquitania, Almaviva – casa resultante da associação entre Concha y Toro e Baron Phillipe Rotschild – (Almaviva 1999), Canepa, Carmen, Concha y Toro (Cabernet Sauvignon Marqués de Casa Concha 1999), Cousiño Macul, Portal del Alto, Santa Carolina, Santa Rita, Tarapacá – Ex Zavala, Undurraga, William Fevre (Don Victor); ***Valle del Rapel*** – Bisquertt, Camino Real, Casa Lapostolle, Casa Silva (Merlot Classic 2000), Los Vascos, Luis Felipe Edwards, Mont Gras, Porta, Santa Amalia (Chateau Los Boldos), Viu Manent, Torreón de Paredes. ***Valle del Maule*** – Balduzzi, Carta Vieja, Domaine Oriental, Tabontinaja, Viñedos del Maule, Terranoble. ***Valle del Curicó*** *(Lontué + Teno)* – Caliterra, Echeverria, Los Robles, Miguel Torres, Montes (Alpha M 1999), San Pedro, Santa Helena, Valdivieso. Ao sul – ***Valles de Itata*** e ***Bío-bío*** – Carpe Diem.

ESPANHA

O sistema espanhol, sob meu ponto de vista, é dos mais completos e claros para o consumidor. Na Espanha são definidas zonas de produção: Norte – a maioria dos vinhos de alta qualidade e os espumantes Cavas; Centro – a maioria de vinhos alcoólicos, muitos deles a granel; Sul – todos vinhos generosos (*Jerez, Malaga* etc).

Regiões Demarcadas: DOCa – *Denominación de Origen Calificada* (atualmente apenas para região de *Rioja*); DO – *Denominación de Origen* (para as outras regiões); DE – *Denominación Específica* (para espumantes e gaseificados); VT – *Vino de la Tierra* (equivalente ao francês "*Vin de Pays*"); VC – *Vino de Mesa* (equivalente ao francês "*Vin de Table*"). Os DOCa e os DO podem ostentar a inscrição VCPRD – *vino de calidad producido en región determinada.*

Principais Regiões: *Rioja; Ribera del Duero; Priorato; Penedés; Navarra; Rias Baixas; Cariñena; Toro; Rueda; Somontano; Jerez, entre outras tantas.*

Uvas: Tintas – *Tempranillo* – a grande uva tinta hispânica; *Garnacha Tinta*; *Mazuelo* – conhecida como *Carignan*, na França; *Graciano* – tinta nativa; *Cabernet Sauvignon* – tinta não autorizada oficialmente. Brancas – *Viura* ou *Macabeo* – mais cultivada; *Malvasia*; *Garnacha Blanca*.

Classificação (tomando *Rioja* como referência):

Jovem – máximo 12 meses em barril;

Crianza (criação, desenvolvimento) – mínimo de 12 meses em barril, mínimo de 6 meses em garrafa e mínimo de 24 meses na adega (para rosados e brancos o mínimo em barril é de apenas 6 meses); ex.: a criação deste vinho se dá em 14 meses de barrica e 25 meses na adega.

Reserva – mínimo de 12 meses em barril, mínimo de 24 meses em garrafa e mínimo de 36 meses na adega (para rosados e brancos o mínimo em barril é de 6 meses e na adega é de 24 meses);

Gran Reserva – mínimo de 24 meses em barril, mínimo de 36 meses em garrafa e mínimo de 60 meses na adega (para rosados e brancos o mínimo em barril é de 6 meses e na adega é de 48 meses).

ESTADOS UNIDOS

Os Estados Unidos já são o quarto produtor mundial de vinhos. Caracterizados por uma produção majoritariamente de varietais, nas últimas três décadas do século XX, viram um forte movimento pela qualidade e avançaram também nos vinhos cortados. Curioso exemplo disso é a experiência do cineasta Francis Ford Coppola. Estabelecido desde a década de 1970, no Napa Valley – na propriedade que pertencera ao lendário Gustave Niebaum – produziu, sob a orientação do enólogo de origem russa André Tchelistcheff, o expressivo Niebaum – Coppola Rubicon, um típico bordalês (cabernet sauvignon + merlot + cabernet franc). A primeira safra deste vinho (1978) somente foi comercializada a partir de 1985. Como o verdadeiro negócio de Coppola é o cinema, a vitivinicultura passa por altos e baixos, na dependência direta dos lucros de seus filmes. No entanto, sempre que os resultados de suas direções são bons, Coppola investe bastante em sua vinícola. Assim, ao revermos *O Poderoso Chefão* ou *Apocalypse Now* ou assistirmos a qualquer novo trabalho do famoso diretor, é bom lembrarmos que nosso ingresso pode estar contribuindo para mais um vinho nobre do castelo de *Inglenook*.

As normas norte-americanas definem as *American Viticultural Areas* (AVA), que podem ser regiões, condados ou distritos. Um varietal precisa conter 75% da casta declarada.

A variedade considerada nacional, a *American's Heritage Grape*, é a tinta zinfandel, da qual também elaboram um *blanc-de-noir*.

Principais regiões, condados, distritos e AVA são: ***Napa Valley** (Stag's Leap, Oakville)*, ***Sonoma Valley***, ***Central Coast***, ***Central Valley***, ***North Yuba County***, ***Oregon***, *Wild Horse Valley, Spring Mountain, Dry Creek Valley, Knights Valley, Chalk, San Ysidro, Ben Lomond Mountain, Paicines, Mount Harlan, Lime Kiln Valley, Carmel Valley, Santa Lucia Highlands, Chalone, Arroyo, Edna Valley, Arroyo Grande, Santa Inez Valley.*

FRANÇA

O sistema francês de categorização do vinho, em algumas regiões, é napoleônico.

Aproximava-se a Exposição Universal de 1855, em Paris, e Napoleão III determinou à Câmara de Comércio de Gironda que fosse criada uma classificação. Tal trabalho foi, porém, delegado aos comerciantes de Bordeaux, os quais selecionaram 61 vinhos tintos superiores, em cinco categorias de *crus*, sobre os quais falaremos um pouco mais à frente.

O conceito principal da classificação francesa é o de nome, denominação ou *appellation*, que pode designar uma região genérica (por exemplo, *Bordeaux*), uma sub-região (p. ex. *Haut-Médoc*) ou uma comuna (p. ex. *Margaux*). De certa forma, quanto menor for a *appellation*, mais importância e rigor terá. Um bom exemplo é *La Romanée*, na Borgonha, que produz anualmente 350 caixas de vinhos em apenas $9000m^2$ de área.

As leis sobre demarcação e denominação de origem controlam todos os fatores que influenciam a produção do vinho. Praticamente tudo fica regulado, do tipo de solo até a comercialização na França ou no exterior. Esse trabalho é hoje realizado pelo *Institut National des Appellations D'Origine – INAO*, que também fiscaliza a produção das famosas *eaux-de-vie*, *cognac*, *armagnac* e outras bebidas. Embora haja leis específicas por área, todas devem abranger, pelo menos, os seguintes aspectos:

1. Área de produção – A geologia do solo é avaliada e indicada à produção de determinada(s) cepa(s). Em seguida a área é classificada, demarcada e delimitada e somente as vinhas situadas dentro das áreas delimitadas poderão usar o nome da AOC.

2. Uvas permitidas – As variedades são escolhidas sobretudo a partir da tradição e da experiência de cada área. Como se sabe, em solos e climas diferentes, mesmas espécies produzirão frutos de características distintas. Assim o *INAO* define, para cada *appellation*, não somente os tipos de uva aceitos, mas também as quantidades máximas e mínimas a serem contidas nos vinhos.

3. Teor alcoólico mínimo – Definir previamente o teor alcóolico aumenta a garantia de envelhecimento ao vinho.

4. Práticas de viticultura – Fertilização do solo, poda, colheita e todo o trato da vinha têm reflexo na qualidade do vinho, portanto são rigorosamente reguladas. Um bom exemplo é o controle de técnicas de poda: métodos que conduzam a altas taxas de produtividade nas safras, mas frutos de baixa qualidade são banidos.

5. Colheita permitida – Os franceses levam muito a sério a relação entre qualidade e quantidade, por isso a quantidade permitida para colheita é definida, a fim de que se alcance a qualidade esperada.

6. Práticas de vinicultura – As práticas tradicionais de cada região são seguramente fator preponderante pela reputação de cada vinho, portanto são reguladas.

A legislação vigente define as seguintes classes, da mais simples para a mais expressiva: VdT – *Vin de Table* (vinho de mesa); VdP – *Vin de Pays* (vinho de localidades); VDQS – *Vin Délimité de Qualité Supérieure*; AOC ou, simplesmente, AC – *Vin D' Appellation D' Origine Contrôllée* (como vimos, podendo ser regional, distrital e comunal).

Um *cru* (particípio passado do verbo *croître*, crescer, portanto, crescido) é um vinho nascido numa região delimitada. Um *cru classé* (classificado) tem denominação de origem por direito. Ter conhecimento sobre *chateaux* (castelos ou casas que identificam produtores) e *domaines* (propriedades) é muito importante para a identificação dos vinhos franceses. No entanto, má notícia: há, na França, mais de 5000 *chateaux* e *domaines*. Há ainda a recentemente implantada classe *Grand d'OC*, que corresponde a um *Vin de Pays* de origem controlada, cujos vinhos precisam envelhecer 12 meses, antes da liberação ao mercado.

Para conhecer bem os vinhos franceses (e, aliás, também os italianos), o melhor mesmo é familiarizar-se com as regiões.

Principais Regiões: *Bordeaux, Bourgogne, Rhône, Champagne, Loire, Alsace.*

Bordeaux

Bordeaux é, sem dúvida, a região vinífera mais importante da França. Apresenta solos variados (do pedregoso seixo rolado de *Graves* ao argiloso de *Pomerol*), típicos das margens de rios. Aliás, como o próprio nome indica: terras à beira das águas (*bord* + *eaux*), das águas do *Gironde* e de seus afluentes. Ali são produzidas, como castas autorizadas, uvas tintas *Cabernet Sauvignon, Merlot, Cabernet Franc, Malbec, Petit Verdot* e as brancas *Sauvignon Blanc, Sémillon* e *Muscadelle.*

Médoc – A região do *Médoc* abriga duas áreas distintas: o *Haut-Médoc*, de cuja produção saem grandes vinhos, mas não todos, como muitos leigos pensam; o *Bas-Médoc*, de onde saem vinhos os mais variados. Muitos produtores dessa região apenas citam *Médoc*, em seus rótulos, temendo o aspecto negativo da palavra *bas* (baixo). Em cada uma das duas sub-regiões há muitas comunas e *chateaux*. Somente pela identificação da produção dessas comunas e *chateaux* será possível definir a qualidade do vinho.

Haut-Médoc (Classificação de vinhedos de 1855, por determinação de Napoleão III, aqui apresentados em ordem crescente, do menos classificado – *5ème* – para o mais classificado – 1*er*).

Cinquièmes Crus Classés. Quatrièmes Crus Classés. Troisièmes Crus Classés. Deuxièmes Crus Classés. Premiers Crus Classés: Ch. Lafite-Rothschild, Ch. Latour, Ch. Margaux, Ch. Haut-Brion (Graves) e *Ch. Mouton-Rothschild* (passou de *2ème cru* para 1*er cru* em 1973).

Em 1932 foi criado, por alguns produtores insatisfeitos com a imutabilidade da classificação de 1855, o *Syndicate Cru Bourgeois*. Os vinhos integrantes dessa nova classificação foram então definidos: *Crus Bourgeois*, *Crus Bourgeois Supérieur* ou *Crus Grand Bourgeois* e *Crus Exceptionnels* (a menção é facultativa).

A sub-região de *Haut-Médoc* é uma AC onde estão as seguintes comunas: *Margaux*, *Saint Julien*, *Pauillac*, *Saint Estèphe*, *Moulis* e *Listrac*.

Além de *Médoc*, também são sub-regiões de *Bordeaux*: *Graves* e *Pessac-Léognan* (Classificação de 1953 e 1959); *Sauternes – Barsac* (Classificação de vinhedos de 1855); *Saint-Emilion* (Última revisão da classificação de vinhedos em 1996); *Pomerol* (Vinhedos ainda não oficialmente classificados). *Lalande-Pomerol*; *Entre-Deux-Mers*; *Canon-Fronsac*; *Fronsac*, *Bourg* e *Blaye*.

Uma última lembrança: um vinho genérico *Bordeaux Supérieur* tem 0,5°C de graduação alcoólica a mais do que um *Bordeaux*. (12,5°C e 12,0°C)

Bourgone

É a segunda região produtora de vinhos mais importante da França. Curiosamente, mais que *Bordeaux*, teve o nome difundido e utilizado indiscriminadamente em todo o mundo. Não é raro encontrar, em diversas partes, vinhos chamados borgonha. Na Borgonha, a classificação é diferente de *Bordeaux*. Entre as inúmeras sub-regiões e comunas, os vinhedos são organizados em dois níveis: os *premiers crus* e os *grand crus*, estes considerados a elite da elite. As uvas na Borgonha são: tintas – *Pinot Noir, Gamay Noir* – que dá origem aos *Beaujolais*, de consumo rápido, na sub-região homônima – entre outras; brancas – *Chardonnay, Pinot Blanc, Aligoté* e outras.

Rhône

Uvas: T – Syrah, Grenache, Mourvèdre, Carignan, Cinsault, outras. B – Viognier, Marsanne, Roussane, Clairette, Ugni Blanc, outras.

Champagne

Uvas: T – *Pinot Noir* e *Pinot Meunier*. B – *Chardonnay*.

Tipos: "*BLANC DE BLANCS*" – 100% de *Chardonnay* (mais leve); "*BLANC DE NOIRS*" – 100% uvas tintas (muito raro); "*MILLÉSIME*" – safrado; "*CUVÉE DE PRESTIGE*" – melhores produtos de cada casa (p.ex.: *Pol Roger Cuvée Sir Winston Churchill*).

Loire

No vale do *Loire*, região de *Montlouis* (AOC Montlouis sur Loire), a família *Dardeau*, atualmente representada por *René-Pierre* e *Jean-Christophe Dardeau*, produz, na propriedade *Domaine de la Milletiere*, há aproximadamente quatro séculos, bons vinhos e *mousseux*.

Uvas: B – *Chenin Blanc, Sauvignon Blanc, Muscadet, Chasselas*, outras. T – *Cabernet Franc, Gamay Noir, Côt* (ou *Malbec*), *Pinot Noir*, outras.

Sub-regiões: Centro; *Touraine*; *Anjou-Saumur*; *Loire-Atlantique*.

Alsace

Uvas brancas nobres: *Riesling, Gewürztraminer, Tokay* (ou *Pinot Gris*) e *Muscat D' Alsace*. Finas: *Sylvaner* e *Pinot Blanc* (ou *Clevner*). Comuns: *Chasselas, Knipperlé*, outras. Cortes: *Zwicker* (comuns) e *Edelzwicker* (só com as nobres).

Outras regiões

Côte D' Or, Mâconnais, Côte Châlonnaise, Jura, Provence, Languedoc, Sud – Ouest.

ITÁLIA

Na Itália, além da demarcação de regiões, existe uma ampla definição do vinho quanto aos açúcares, presente nos rótulos, sem dúvida muito útil à escolha. Há ainda, em alguns casos, pois não é de lei, a indicação de uma denominação por idade. Lá também o conhecimento de produtores e marcas é importante, em razão da quantidade deles.

Denominações: a) Vinho de qualidade produzido em região determinada (em italiano, V.Q.P.R.D.), englobando os DOCG – *Denominazione di Origine Controllata e Garantita* e os DOC – *Denominazione di Origine Controllata.* b) Vinhos de mesa: VdT – *Vini da Tavola*; IGT – *Vini da Tavola con Indicazione Geografica Típica* e *Vini da Tavola com Indicazione di vitigno e della zona geografica. Vini Tipici* – São vinhos simples, como os de mesa brasileiros, que não sofrem um controle muito rígido.

Classico é todo vinho que deu origem a uma DOC, portanto apresenta todas as características da região.

Superiore é todo vinho com 0,5°C a mais, de teor alcoólico.

Agora, **atenção**, mas muita atenção mesmo! Alguns vinhos italianos, que estão entre os melhores do país e do mundo, classificam-se apenas como Vino da Tavola, por não se enquadrarem nas normas das DOC e DOCG. São então apelidados de "os fora-da-lei". Entre eles destacam-se: *Cabreo*, *Cepparello*, *Campofiorin*, *Darmagi*, *Flaccianello della Pieve*, *Gaja & Rey*, *I Grifi*, *Il Sodaccio di Monte Vertine*, *L'Aparitta*, *Le Pergole Torte*, *Ornellaia*, *Opera Prima*, *Sammarco*, *Solaia*, *Terre Alte*, *Tignanello de Antinori* (corte mágico das castas Sangiovese e Cabernet Sauvignon), *Toar*, *Torcolato*, *Venegazzu* e *Villa Pattono*.

Teor de Açúcar: *Secco* – muito seco; *Asciutto* – seco; *Abboccato* – meio-seco; *Amabile* – pouco doce; Pastoso ou *Cannellino* – doce; *Dolce* – muito doce.

Quanto à idade, os rótulos italianos podem dizer:

Novello (Jovem) – Vinho semelhante ao *Beaujolais Nouveau*, francês, portanto sem amadurecimento algum. Só pode ser vendido após 06 de novembro e deve ser engarrafado em 31 de dezembro do ano da colheita.

Vecchio (Velho) – Vinho que envelhece no mínimo três anos antes da comercialização.

Riserva (Reserva) – Vinho que envelhece no mínimo cinco anos antes da comercialização.

Principais Regiões – Norte: Piemonte (terra dos vinhos Barolo e Barbaresco, elaborados a partir da casta Nebbiolo), Veneto (de onde sai o Valpolicella, um dos vinhos italianos mais conhecidos) e, também, Lombardia, Trentino-Alto Adige, Liguria e Friuli; Centro: Toscana (que nos dá os vinhos Brunello di Montalcino, Vino Nobile di Montepulciano e o Chianti Classico, elaborados, fundamentalmente, a partir da casta Sangiovese) e, também, Emilia-Romagna, Marches, Umbria (de onde vem o Orvieto Classico), Lazio e Abruzzo; Sul: Basilicata, Campania, Puglia, Calabria, Sardegna e Sicilia.

NOVA ZELÂNDIA

Adota o sistema de regiões controladas. A maior produção da Nova Zelândia é de vinhos brancos. Embora esteja acima do vigésimo lugar no ranking dos maiores produtores do mundo, em volume, os vinhos neozelandeses já têm tido destaque em qualidade. As principais regiões produtoras são: *Northland/Matakana*, *Auckland*, *Waikato*, *Bay of Plenty*, *Gisborne*, *Hawkes Bay*, *Wellington*, *Nelson*, *Otago*, *Marlborough* e *Canterbury*.

PORTUGAL

Embora produtor tradicional do velho mundo, como França e Itália, apenas nos últimos vinte anos Portugal conseguiu apresentar ao mundo vinhos com padrão de excelência. Investimentos expressivos transformaram a vitivinicultura portuguesa, de uma produção descuidada, em produtos de primeira linha, sem que fossem perdidas as castas nacionais. De fato, o aprimoramento de espécies nativas enriqueceu as variedades e proporciona vinhos de identidade única, que nos chegam ao Brasil em ótimas condições de preço, em razão dos acordos comerciais recíprocos com os portugueses. Até a tradição do corte vem sendo quebrada. Portugal já está produzindo varietais (monocastas) incríveis de suas melhores uvas nacionais. Os varietais da safra de 1999 da Touriga Nacional, da Trincadeiro e da Aragonês, da casa do Esporão, no Alentejo, o varietal da uva Baga, daquele mesmo ano, apresentado pela Casa de Luis Pato, de Beiras, além do espetacular varietal de Alfrocheiro Preto da Quinta de Carvalhaes são exemplos magníficos. Opções novas de cores, aromas e sabores singulares.

Do ponto de vista legal, Portugal também adota o sistema de regiões demarcadas e tipos de vinho. São regiões: DOC – Denominação de Origem Controlada: controlam-se as castas nobres, os microclimas e solos, a tecnologia; IPR – Indicação de Proveniência Regulamentada – sofrem o mesmo controle das DOC e, após 5 anos, podem passar a DOC. Os vinhos DOC e os IPR têm direito, por lei, a ostentar nos rótulos, a sigla VQPRD – vinho de qualidade produzido em região determinada. VR – Vinho Regional: categorização dos vinhos de mesa com Indicação Geográfica. São vinhos produzidos numa região específica, cujo nome adotam, elaborados com, no mínimo, 85% de uvas de castas recomendadas e autorizadas, provenientes da mesma região. Os vinhos DOC, IPR e VR estão sujeitos a um sistema de certificação, cabendo às Comissões Vitivinícolas Regionais proceder ao controle de requisitos de cada região, de forma a garantir o cumprimento dos mesmos. Aqui também é necessário alertar para a existência de vinhos com excelentes qualidades, que apenas ostentam um selo de VR.

A mais simples categoria tem a denominação de VM – Vinho de Mesa.

Tipos: Reserva – Precisam declarar a safra e ficar no mínimo 1 ano em barris de madeira (tintos); Garrafeira – Precisam declarar a safra e ter no mínimo 3 anos de envelhecimento, sendo 2 em barris e 1 em garrafas (tintos).

Principais Regiões: Vinho Verde (vinhos leves); Douro – Porto (vinhos doces) região demarcada pelo Marquês de Pombal, em 1756; Dão; Bairrada (vinhos encorpados e vigorosos); Setúbal (vinhos secos e fortes, salvo o tradicional Moscatel de Setúbal); Alentejo; Madeira.

Podemos relacionar as seguintes regiões DOC: ao norte, Vinho Verde com suas seis sub-regiões: Monção, Lima, Basto, Braga, Amarante e Penafiel; DOC Douro, Vinho do Porto, Távora-Varosa, Bairrada, Dão e Beira Interior; no centro, Lourinhã, Óbidos, Torres Vedras, Setúbal, Bucelas, Colares e Carcavelos. A recentemente definida DOC Ribatejo, com as seguintes sub-regiões: Almeirim, Cartaxo, Chamusca, Coruche, Santarém e Tomar. As também recentes DOC Palmela e DOC Alentejo, esta composta pelas sub-regiões de Borba, Portalegre, Redondo, Reguengos, Vidigueira e das IPR de Granja Amareleja, Évora e Moura. Ao sul, as DOC Lagoa, Lagos, Portimão e Tavira.

Nas ilhas – DOC Madeira – na ilha de mesmo nome – e Graciosa, Pico e Biscoitos, no arquipélago dos Açores.

As demais IPR são as seguintes: Alcobaça, Alenquer, Arruda, Encostas de Aire, Arrábida, Castelo Rodrigo, Chaves, Cova de Beira, Encostas da Nave, Lafões, Pinhel, Planalto Mirandês e Valpaços.

São denominações de Vinhos Regionais as seguintes: Minho, Trás-os-Montes, Beiras, Estremadura, Ribatejano, Terras do Sado, Alentejano e Algarve. É importante, porém, registrar que, assim como em outros países, nem todo vinho originário de certa região atende aos requisitos mínimos para ser reconhecido como Vinho Regional.

Porto. Os vinhos do Porto, marca importante na vinicultura portuguesa, têm sua classificação, pelo cruzamento de três informações: tempo nos tonéis, idade e colheita. O ***Ruby*** é o mais simples, procedendo de vinhos e uvas de vários fornecedores e permanecendo no máximo dois anos nos tonéis, quando é engarrafado sem filtração; o ***Tawny*** é um Porto básico de misturas, um pouco mais envelhecido no tonel. Depois, podemos ter os Porto 10 anos, 20 anos, 30 anos e até mais de 40 anos. No entanto, isso não significa que tenha tal idade, mas que apresenta características correspondentes às mesmas. Finalmente temos o **Colheita** ou seja, indicação de que as uvas são de determinado ano e há o envelhecimento até sete anos nos barris. O **Porto *Vintage*** tem origem numa única colheita, que deve ser indicada no rótulo, e ser engarrafado após dois ou três anos nos barris. O ***Late Bottled Vintage*** é o mais expressivo.

Principais castas Portuguesas: Touriga ou Touriga Nacional, Jaen, Tinta Roriz ou Aragonês (a *Tempranillo* espanhola), Bastardo, Alfrocheiro, Tinta Pinheira, Baga, Castelão, Trincadeira e outras tintas. Encruzado, Arinto, Cerceal, Maria Gomes e outras brancas.

Veja em apêndice outras denominações praticadas em Portugal.

Capítulo Oitavo

Serviço

O serviço do vinho é, sobretudo, um ato de respeito. É o momento em que são honrados o trabalho da vitivinicultura, do vinhateiro, do enólogo e os de todos quantos se dedicam à videira e ao vinho. Por isso tudo, ao derramar o líquido numa taça, faça-o com toda gentileza, não ultrapassando os 2/3 (dois terços) da mesma. Aliás, atenção: se o serviço do tinto utilizará taças *bordeaux* ou borgonha, de porte grande, nunca ultrapasse 1/3 do volume. Atingido o limite (aproximadamente, é claro), gire levemente a garrafa, a fim de evitar que caiam gotas.

Com rigor, mas simplicidade, devemos também estar atentos aos seguintes fatores:

Transporte e Manuseio (da compra à mesa)

O transporte deve ser cuidadoso, evitando-se sacudir as garrafas. Se possível, evite ter de servir um vinho que você acabou de trazer para casa e que veio chacoalhando em seu carro. Sobretudo, se for um envelhecido, tal circunstância exigirá a decantação, a fim de acalmar a bebida.

Temperatura

Deve obedecer ao tipo de vinho. É condição essencial à melhor apreciação. Por isso, procure observar as seguintes: em geral, espumantes devem ser servidos entre 6ºC e 8ºC; brancos suaves e doces, entre 8ºC e 9ºC; brancos secos, entre 10ºC e 12ºC; quando muito encorpados, porém, podem ser servidos até a 14ºC, pois mostrarão todas as qualidades; rosados, entre 12ºC e 14ºC; tintos jovens, entre 14ºC e 16ºC; tintos brevemente envelhecidos, no entorno de 18ºC; tintos bem maduros, ricos em taninos, entre 18ºC e 20ºC. Atenção: a busca pela temperatura ideal deve ser feita, obviamente, tanto nos locais em que o ambiente se apresenta mais quente, quanto naqueles em que o clima se apresenta muito frio. É necessária esta observação, pois, caso venhamos a consumir um vinho tinto de corpo, ideal para os invernos rigorosos, em um lugar sem calefação, com a temperatura ambiente a 5º C, não usufruiremos das virtudes daquele vinho. Neste caso, valerá a pena levar a garrafa à cozinha para que receba, com todo cuidado, um pouco dos calores do fogão. Ah, sim, um detalhe, em uma situação como essa, não hesite em envolver o corpo da taça com as mãos, tal como faria em um conhaque!

Destape, saca-rolhas

O destape se inicia pelo corte correto da cápsula que, preferencialmente, deve ser feito no rebaixo superior do gargalo, mas pode ser feito também no rebaixo inferior. O instrumento para isso pode ser um cortador de cápsulas, a pequena navalha dos saca-rolhas de garçons ou, simplesmente, uma faca. Alguns produtores, sobretudo os alemães e o elegantíssimo espumante Don Giovanni, já adotam cápsulas com fio de corte, aquelas cintas internas, com uma pequenina ponta aparente, a qual, quando puxada, secciona a cápsula em toda a volta. No caso das garrafas sem cápsula – aquelas que levam selos sobre a rolha e a superfície do gargalo – deve-se ter todo cuidado para uma limpeza completa do gargalo, a fim de que não fique resíduo de cola. Se a garrafa tem cápsula, depois de cortar a mesma é preciso verificar se o vinho não vazou. Caso a rolha esteja molhada na parte superior, recuse a garrafa; significa que a mesma foi invadida pelo ar e que o vinho estará certamente alterado. Se a rolha estiver seca, prossiga, limpe a superfície. A rolha deve ser retirada com todo o cuidado, utilizando para isso saca-rolhas rotativo simples, sendo os melhores os de duplo apoio – que não quebram as rolhas grandes – e os chamados automáticos, que extraem a rolha à medida em que se insere o parafuso. Deve-se procurar saca-rolhas helicoidal, no qual o parafuso seja metálico, preferencialmente teflonado, com seção circular. Os de seção em forma de faca, quase afiados, causam mais facilmente a quebra de rolhas. Outro pequeno detalhe: saca-rolhas cujos parafusos têm ponta centralizada facilitam o posicionamento no centro da rolha. No entanto, a ponta central não tem seqüência no parafuso e favorece o esgarçamento da rolha, com maior possibilidade de quebra. Já a ponta não centralizada penetra a rolha, trazendo o parafuso pelo mesmo caminho, portanto não danificando a mesma e facilitando a retirada. O saca-rolhas com apoio de gargalo e braços laterais como alavancas tem sua invenção atribuída ao Reverendo Samuell Henshall, na Inglaterra, em 1795.

Retirada a rolha, deve-se observar a mancha, úmida pelo vinho, e cheirá-la. Ainda que não haja ocorrido vazamento, problemas diversos podem haver causado doenças no vinho, alterando características e podendo, inclusive, tê-lo levado ao vinagre. Pequeninos cristais não representam problema, indicando apenas que o vinho não passou por uma filtragem absoluta, o que pode ser, inclusive, uma virtude.

Os espumantes devem ser abertos com muito cuidado, tendo em conta a pressão à qual o líquido está submetido. Coloque a garrafa sobre a mesa, para a retirada da grade de segurança da rolha, sempre protegendo-a com a outra mão. Depois, segure a garrafa com uma das mãos, se possível com o dedo anular na cavidade do fundo da garrafa. Com a outra mão segure firmemente a rolha, a fim de controlar uma possível expulsão natural da mesma. Caso isso não ocorra, gire a rolha lentamente até que o gás seja expulso. O espumante não derramará e o som de comemoração terá acontecido.

Aeração ou oxigenação

É mesmo uma curiosidade: o ar, inimigo do vinho durante a guarda, é essencial na hora do consumo. É o contato com o ar que permitirá a liberação dos aromas. Mas o simples destape da garrafa não é suficiente para que o vinho respire. O ideal seria passar o conteúdo da garrafa, que acaba de ser aberta, para uma jarra larga ou decantador, a fim de que uma ampla superfície do vinho respire. No entanto, isto pode não ser viável em certos momentos. Resta-nos então contentarmo-nos com a aeração na taça, servindo a bebida logo após a prova e permitindo que respire por algum tempo antes do consumo. Na hora de beber, a oxigenação pode ser estimulada com movimentos circulares, fazendo que o vinho gire levemente na taça. O giro fará uma verdadeira amplificação dos aromas. **Arquetes, lágrimas** ou pernas são o efeito provocado nas paredes do copo após agitação. É um fenômeno de tensão superficial, provocado pela evaporação do álcool; quanto mais amplos os copos, menor a presença do álcool.

Decantação

Já que falamos de jarra ou decantador, é bom lembrar que os vinhos maduros podem conter depósitos, perfeitamente naturais, que devem ser decantados antes que sejam servidas as taças. Vinhos jovens não-filtrados ou outros, no início do envelhecimento, também requerem tal cuidado, a fim de que a aeração libere suas virtudes aromáticas. Atenção ao servir do *decanter*, pois a ampla lâmina de líquido que chega ao gargalo tende a criar um jato de vinho. Verta sempre muito suavemente o líquido sobre a taça inclinada.

Taças

As taças foram pensadas para proporcionar a felicidade dos sentidos! Não há duvida: há algumas de cor muito bonitas, mas não são apropriadas. Servir um vinho numa taça de dimensões corretas e vidro azul escuro, por exemplo, é limitar a apreciação da bebida. As taças devem ser transparentes. As taças destinadas à apreciação de espumantes devem ser as *flutes*, alongadas, para que as borbulhas possam desprender-se corretamente, preservando os aromas delicados da bebida. Antigamente utilizavam-se aquelas taças bem abertas. Conta a lenda que foram moldadas nos seios de Maria Antonieta. Verificou-se, mais tarde, no entanto, que não eram as mais adequadas. Vinhos tintos e brancos, em princípio, podem ser degustados na mesma taça. A diferença de porte entre as específicas existe simplesmente porque convém servir uma quantidade menor de vinho branco, para que não se eleve rapidamente a temperatura. Assim, ao se utilizar a mesma taça, basta que se observe que a porção de vinho branco servida na taça de vinho tinto deverá ser inferior àquela que seria servida de vinho tinto. Nunca se esqueça: pegue a taça pela haste ou pelo pé. A mão no corpo da taça aquecerá o vinho, o que apenas é recomendado aos conhaques. Finalmente é bom lembrar que as taças são padronizadas, normatizadas, mas este não é um rigor que precise ser obedecido à risca. O austríaco Georg Riedel produz praticamente uma taça para cada vinho. Não nos esqueçamos, no entanto, de que o importante é permitir a liberdade e o melhor aproveitamento possível das características organolépticas do vinho, ou seja, precisamos garantir a festa dos sentidos!

Ordem

A seqüência do serviço tem relação direta com os hábitos alimentares. Mas abrir o apetite é fundamental e aqui agem os Portos. Como sempre se inicia a refeição com alimentos mais leves, recomenda-se um vinho branco. Em seguida, para acompanhar a entrada, pode-se fazer uso dos rosados. Para o prato de fundo, então, os tintos. Nada impede, porém, que se salte do branco ao tinto. Também é possível consumir somente branco ou somente tinto. Tudo vai depender dos pratos. Sobre isso falaremos, quando tratarmos dos brancos e dos tintos.

Garrafa aberta

Se você iniciou o consumo do vinho, não esvaziou a garrafa e está satisfeito, não se preocupe. Você poderá guardá-lo. Verifique se, ao abrir, a rolha não foi totalmente perfurada. Se não foi, tampe a garrafa. Se o furo do saca-rolhas traspassou a rolha de um extremo ao outro, consiga uma outra rolha, não traspassada. A garrafa deve repousar na parte mais baixa da geladeira por, no máximo, três dias. Não se esqueça: o vinho é um ser vivo e segue sua transformação. Depois de três dias as mudanças podem não ser agradáveis. Mas há o recurso aos modernos "salva-vinhos" (*vacum vin*), que tiram o ar das garrafas, sobre novas tampas apropriadas e de fácil remoção. Com eles os vinhos adquirem a possibilidade de ser guardados por uma semana ou mais.

Combinações ou Harmonizações

Ainda que venhamos a tratar deste tema, especificamente aos pratos, ao falarmos de brancos e tintos, vale iniciarmo-nos com algumas orientações gerais. De início é importante que se tenha em conta que combinar vinho e comida é harmonizar e não promover uma disputa entre o alimento e a bebida. Apreciar um prato e um vinho é tarefa para nossas papilas gustativas, que têm enorme capacidade de perceber sabores. Entretanto, a simultaneidade de sabores em conflito, dificulta o trabalho de nossas amigas. Portanto, precisamos estar atentos ao sal, aos temperos, aos molhos, ao doce e à acidez do que vamos comer para fazermos escolha acertada de um vinho que seja boa companhia. Escolhido o vinho, o mesmo deverá estar disponível em quantidade suficiente a todo o período da refeição. Seja branco ou tinto, ou ambos, não se deve correr o risco de ter de fazer uso de mais de uma safra ou, pior ainda, de marcas variadas. É bom lembrar também que é sempre possível escolher o vinho e, depois, decidir qual alimento preparar.

— A **primeira orientação** muito simples é que devemos respeitar o gosto pessoal. Não há leis sobre este assunto, mas sim recomendações! A prova é que a literatura sobre vinhos e culinária é farta de adjetivos que expressam, certamente, as sensações de autoras ou autores.

— A **segunda** diz respeito ao peso dos pratos. O peso do prato – o ingrediente mais importante – pode estar no elemento principal, nos temperos, nos molhos ou, até mesmo, nos acompanhamentos. As massas, por exemplo, são sempre apresentadas com alternativas de molhos. São estes que determinarão a melhor combinação com os vinhos. Da mesma forma, uma coisa é pedir um vinho para acompanhar um medalhão de picanha na chapa, levemente temperado. Outra é solicitar acompanhamento para a mesma carne, com muita pimenta seca.

— A **terceira** é evitar o uso de vinhos muito nobres no acompanhamento de pratos fortes, temperados. Evidentemente as papilas, ocupadas com o alimento, não conseguirão desfrutar de toda a presença do vinho. Devemos ter em mente que entre vinho e comida não pode haver disputa, mas equilíbrio, complementação.

— Uma **quarta** orientação é combinar pratos leves com vinhos leves, o que ainda sugere que as carnes brancas e o peixe, pela delicadeza, preferem os brancos. Mas é sempre bom lembrar que as carnes brancas podem ser também apresentadas em pratos pesados, o que, evidentemente, pedirá um vinho mais encorpado. Um exemplo: o frango ao molho pardo pede vinho tinto. Portanto, é o peso do prato que definirá a combinação. Uma exceção é bastante clara: quando o peso do prato está na **gordura**, recomenda-se que o vinho quebre um pouco a expressão. Sugere-se, então, um branco tipo os alemães *spätlese* ou *auslese*. Como se observa, há uma decorrência natural desta quarta referência: precisamos ter algum conhecimento sobre os ingredientes do prato que será servido, bem como sobre os vinhos disponíveis. Somente com sorte será possível combinar pratos e vinhos desconhecidos. As uvas são uma boa dica. No entanto, cada vinho é único. Não somente os cortes e *assemblages*, que dominam os grandes vinhos, sobretudo franceses, portugueses e italianos, mas também os varietais têm identidade própria.

— **Quinta** orientação: se você está em viagem por alguma região vinícola, procure saber que vinho se produz ali e o que comem por lá. As surpresas serão, certamente, muito agradáveis. Comida típica pede o vinho já escolhido pelo povo da região. Se, na região, não se tem o hábito do vinho, será enorme prazer descobrir a combinação ideal.

— Finalmente, não se deve deixar de apreciar um bom vinho, ainda que não seja perfeita a combinação.

Capítulo Nono

Uvas Brancas, Vinhos Brancos e Boa Mesa

De antemão é preciso dizer que pode haver vinho branco de uva tinta. Aqui, porém, estaremos concentrados nos chamados *blanc des blancs*, salvo, como veremos, ao tratar de champanhe.

Queremos logo, também, desfazer um mito: a idéia encontrada entre muitas pessoas de que "*vinho branco não é vinho*". Um grande equívoco. O vinho branco é tão honrado quanto o tinto, desde que respeitadas as próprias características e indicações. Alertamos para o fato já citado no item combinações de que a uva é apenas um indicador de parceria possível com algum prato, uma vez que os vinhos dela decorrentes podem ser muitos e com personalidades próprias e inconfundíveis. Um dos elementos fundamentais dos brancos é a acidez. É pela acidez dos pratos saboreados que se estabelecerá a opção do vinho, observando-se a acidez deste. Em terras brasileiras, é bom ressaltar a enorme importância de baixar bastante a temperatura dos brancos, de modo a consumi-los entre os 10°C e os 12°C ideais. Um balde com gelo não fará mal.

Vejamos então algumas uvas:

Chardonnay

É a branca mais cultivada em todo mundo, sendo originária da França, na Borgonha e em *Champagne*, onde nasceu o espumante. Cultivada também na Argentina, na Austrália, no Brasil, na Califórnia (maior reduto produtor depois da Europa), no Chile e em muitos outros países. Na Borgonha, produz os famosos *Chablis*, cujo nome se confunde com a região. Vinhos com a *chardonnay* combinam com massas e frangos levemente temperados, além das sopas e alguns pratos de camarões. São ótimo acompanhamento para a *fondue* de queijo. Portugal vem produzindo excelentes vinhos maduros à base da *chardonnay*, que são grande companhia para os bacalhaus e fecham muito bem com chocolate amargo. No Brasil, a Adega Cavalleri elabora, no Vale dos Vinhedos, em Bento Gonçalves, RS, um varietal de *chardonnay* que passa três meses em barricas de carvalho, com expressivo resultado, merecendo, inclusive, o selo de Indicação de Procedência.

Alvarinho

Cepa da região do vinho verde. Produz alguns dos melhores verdes em Monções. Um peixe ao molho de gengibre pede um vinho de alvarinho com boa acidez.

Arinto

Uva branca bastante difundida em Portugal, inclusive na região de Dão. É corte principal em muitos portos brancos.

Chasselas

Muito plantada na Suíça, onde é chamada de *Fendant*, e na Alsácia. No *Loire* produz vinhos brancos secos não muito expressivos.

Chenin Blanc

Principal uva branca de várias regiões do vale do *Loire*, utilizada na produção do espumante daquela região. Os vinhos desta uva acompanham muito bem os risotos de queijo.

Flora

Uva híbrida pelo cruzamento de *gewurztraminer* e *sémillon*, implantada no sul do Brasil por um dos ramos da família Valduga, na vinícola Vallontano. Produz um varietal muito agradável, leve, mas com sabor, que acompanhará com elegância os queijos leves, além das saladas e entradas levemente temperadas. O Vallontano Flora é muito boa companhia da maniçoba, prato típico da cozinha paraense e do recôncavo baiano.

Garganega

A principal uva para produção do *soave*, italiano. O vinho acompanhará bem as massas ao *pesto* e as de ricota com espinafre.

Gewürztraminer

Uva provavelmente originária do norte da Itália, da região de *Tramina*, aromática, que tem excelência de produção na Alsácia. Esteve muito presente em vinhos produzidos em nossa terra. Atualmente experimenta certo declínio. Podem acompanhar salmão defumado, pratos com queijos e outros com pimentões, além da maniçoba.

Loureiro

Cepa de muito prestígio na região dos vinhos verdes, em Portugal. Os vinhos desta uva ainda são muito regionais.

Malvasia

Espécie que prospera em, praticamente, toda Itália. Tem uma reputação de elegância e é utilizada indiscriminadamente em cortes brancos e tintos. Os *Chianti* destinados ao consumo rápido são temperados com Malvasia. Em Piemonte é cortada também com *Barbera*. Todavia são produzidos varietais desta uva, de *Friúli* à Sicília. Estes vinhos podem ser secos e acompanhar bem as entradas italianas e os peixes, mas também podem ser abocados ou meio doces, então indicados a aperitivos. Finalmente, encontram-se os vinhos de sobremesa elaborados com Malvasia. No Brasil, a casa Don Laurindo apresenta um elegante varietal desta casta.

Moscato ou Muscat

É uma grande família de uvas, uma das castas mais antigas que se conhecem. Responsável por vinhos brancos doces e aromáticos. Dá origem ao doce moscatel. No Brasil é bastante difundida, estando inclusive no Vale do S. Francisco, de onde sai para gerar vinhos "colheita tardia". É a base do *Asti Spumante*, na Itália. Acompanhará os doces e alguns pratos leves servidos com doces de frutas.

Muscadelle

Uva branca que, juntamente com as *sémillon* e *sauvignon blanc*, cultivadas na região bordalesa de *Sauterne-Barsac*, presta-se a ser afetada pelo fungo ***botrytis cinerea***, o qual permitirá a colheita de uvas praticamente passas, das quais será produzido o mais famoso vinho de sobremesa do mundo.

Muscadet

Também chamada *Melon de Bourgogne*, ela praticamente se restringe à região de *Muscadet*, na boca do *Loire*. Seus vinhos são secos e leves, acompanhando bem as ostras e omeletes.

Müller-Thurgau

Cruzamento da *Riesling* com a *Sylvaner*, mantendo daquela algumas características, mas com amadurecimento mais rápido. Aromática, mas sem a classe da *Riesling*. Os vinhos desta uva são, em geral, muito aguados e lisos.

Parellada

Cepa típica da Catalunha. Vinhos alegres, frutados. Integra os *cavas* ou seja os espumantes espanhóis.

Pinot Blanc

Era a variedade predominante em *Bourgogne* antes da difusão da *Chardonnay*. Mutação da grande *Pinot Noir*, acompanha bem os peixes e os pratos à base de ovos.

Pinot Gris

Uva com muitos sinônimos, bastante aromática e de boa qualidade. Na Alsácia, é chamada de *Tokay* e dá vinhos excelentes, bastante duráveis. Seus vinhos são bons parceiros de pratos frios e bem temperados, além dos cogumelos.

Prosecco Bianco

Uva originária da região nordeste da Itália, que gera alguns vinhos tranqüilos. É mais conhecida pelos espumantes a que dá origem, que estão na moda e são ideais como bebidas solo, em ambientes informais e esportivos. É o vinho base de um dos mais badalados coquetéis da atualidade, o Bellini, elaborado com pêssego batido no liqüidificador. Na Itália, os melhores *Proseccos* são feitos no Vêneto, nas regiões DOC de Conegliano e Valdobiadenne. O Prosecco Cartizze é considerado o melhor e o de mais classe entre os italianos. No Brasil, as casas Georges Aubert, de Garibaldi, e Salton, de Bento Gonçalves, já produzem espumantes de *prosecco* a 100%, bastante expressivos.

Riesling

É citada como uma das grandes brancas do mundo, ao lado da *Chardonnay*. Na Alemanha, é a base dos melhores brancos. Fruta aromática, bastante elegante. Na Alsácia, produz excelentes brancos secos. No Brasil, ainda não apresentou vinhos como os alemães.

Acompanha muito bem os pratos fritos, a salada de abacate, além de ganso, pato e javali assados. Os *Kabinett* alemães são excelente acompanhamento ao *foie gras*. Os mais doces acompanham bem as tortas servidas em sobremesas.

Riesling Itálica

Não é parente da *Riesling* alemã e é muito inferior. Normalmente dá vinhos entre razoáveis e bons, frutados, agradáveis, mas não muito aromáticos. Aqui, já foi a vinífera branca fina mais difundida, base de alguns dos melhores brancos nacionais. Alguns produtores incluem-na no corte de espumante. Na Europa, é muito usada para cortes.

Roupeiro

Principal branca da região do Alentejo. Participa de vinhos brancos perfumados.

Sauvignon Blanc

Francesa, bastante plantada em *Bordeaux*, onde participa de brancos frutados, e no vale do *Loire*. Dá alguns dos melhores brancos do Chile. No Brasil, ainda é incipiente, mas o varietal a 100% desta uva produzido pela Vinhos Salton, em Bento Gonçalves, é digno de nota. Seus vinhos são boa companhia para as saladas de frutos do mar e outras à base de aspargos e tomates. Os vinhos chilenos desta uva, sobretudo quando brevemente amadurecidos, são excelente companhia para os pratos de frutos do mar da cozinha baiana, como vatapá, caruru, bobó, moquecas e outros. Da mesma forma, vão muito bem regando um acarajé e até um *ceviche de pescado* peruano.

Semillon

Outra uva de *Bordeaux*. É a base dos grandes vinhos de sobremesa de *Sauternes*, pois se presta, em excelência, ao ataque pelo *botrytis cinerea*. No que diz respeito aos brancos secos de *Bordeaux*, vêm perdendo terreno para a *sauvignon blanc*, mais adequada a esse propósito. No Brasil, a *semillon* não é tão comum. No Chile e na Argentina, dá origem aos brancos tradicionais. Os vinhos desta uva são bons candidatos à guarda, para quem gosta dos maduros. Devem acompanhar camarões e peixes (um pargo ao sal grosso, por exemplo), mas podem também seguir os pratos à base de porco condimentado e queijo *roquefort*, quando mais amadurecidos. Quando mais jovens, são indicados ao cozido.

Sylvaner

Uva de grande presença na Alsácia e na Alemanha. Vinhos alegres, frutados. Na região de Francônia, Alemanha, atinge seu auge e dá secos de grande classe. Acompanha bem as aves.

Tokay

Vide *pinot gris*.

Trebbiano

Uma das uvas brancas mais plantadas em todo o mundo, mas de qualidade mediana. Vinhos normalmente neutros, nada destacáveis. Na Itália, é bastante usada em varias regiões, principalmente na Toscana. É a uva do famoso Frascati, da região do Lazio. Muito utilizada para cortes e, também, na produção de destilados. No Brasil, produz vinhos apenas razoáveis. É conhecida também como *Ugni Blanc* e *Saint-Emilion*. Seus vinhos têm boa companhia de massas à *carbonara* e de sardinhas.

Ugni Blanc

Variedade apropriada à produção dos vinhos brancos destinados à destilação, na região de Cognac. Trata-se de uva resistente a doenças, com maturação naturalmente tardia. Em *Cognac* são também utilizadas as variedades ***Folle Blanche*** e ***Colombard*** na elaboração dos vinhos brancos destinados à destilação que produzirá conhaques.

Verdicchio

Uva do *Verdicchio dei Castelli di Jesi*, na Úmbria. Os vinhos acompanham as saladas de frutos do mar, os mariscos, o salmão defumado, os petiscos de peixe, além de pizzas com sal grosso e com alice.

Viognier

Relativamente rara, praticamente restrita ao vale do *Rhône*, mais exatamente à região de *Condrieu*, onde produz vinhos de grande classe. Já tem presença também na Argentina. Acompanha os caranguejos e as lagostas.

Viúra

A principal uva branca da região de *Rioja*, também conhecida como *Macabeo*. Seus vinhos são bons companheiros de tortas de cebola e churrascos de frango.

Xarel-Lo

Variedade muito difundida em Catalunha, Espanha. Entra nos espumantes da região, os *cava*.

Azal Branca, Esganoso, Loureiro, Padeiro, Padernã, Rabigato e ***Trajadura*** são as principais cepas dos vinhos verdes brancos, certificados pela Comissão de Viticultura da Região dos Vinhos Verdes, em Portugal.

Capítulo Décimo

Champanhe ou espumante

É verdade: champanhe é apenas mais um vinho. Mas, no conjunto dos vinhos brancos, conquistou um capítulo à parte. Sua descoberta e desenvolvimento não aconteceram sem eventos marcantes. Merece toda a dedicação.

Champanhe é um vinho espumante. O nome "champanhe" porém é exclusivo dos espumantes produzidos naquela região da França e está garantido por um acordo internacional, que o protege, mas que não foi firmado pelo Brasil. São aproximadamente 312 vilas, que correspondem a somente 2,5% da área vinícola francesa, onde são produzidas apenas três variedades de uvas: *pinot noir*, *meunier* e *chardonnay*. A região só foi regulamentada em 1927. Espumante francês produzido fora da região demarcada de *Champagne* é chamado *Mousseux*.

O champanhe adicionou um momento novo na história do vinho, sendo envolvido por uma aura de mística e magia, desde que o abade *Pierre Perignon*, um beneditino, acidentalmente o descobriu e disse beber estrelas. Atribuem-se ainda duas façanhas a *Dom Perignon*, que entre 1668 e 1715 era o responsável pela adega da Abadia de *Hautvillers*: o corte entre aquelas três variedades de uvas e o início do uso da rolha de cortiça como tampa das garrafas desse vinho espumante – em substituição às lascas de madeira forradas com cânhamo e embebidas em azeite.

Outra importante personagem nessa história foi *Nicole Barbe Ponsardin*. Em 1805, aos 27 anos, *Nicole* enviuvou de *François Clicquot*, vinicultor que herdara do pai a casa homônima, estabelecida desde 1772. Conta-se que ela era muito perfeccionista e se levantava de madrugada para acompanhar a segunda fermentação de seus champanhes. Ou seria a solidão que a fazia vagar pelas caves? Olhando diariamente, ou melhor, noturnamente, os depósitos, entendeu que seria recomendável girar suavemente as garrafas para uniformizar a bebida. Estava inventado o ***remuage***, giro das garrafas nas ***pupitres***, técnica fundamental do método ***champenoise*** que veremos adiante.

Veuve Clicquot e *Dom Perignon* tornaram-se nomes de dois dos mais tradicionais champanhes franceses e legaram ao champanhe o título de bebida do amor. Com essa história tão rica, exige-se do champanhe que apresente, como características fundamentais, delicadeza, frescor, mas também raça, riqueza e uma força estimulante.

Champanhe, em verdade, é um vinho submetido a dupla fermentação. Depois do processo normal de vinificação em branco, o vinho sofre a segunda fermentação na garrafa. O chamado **método tradicional** ou ***champenoise*** consiste em engarrafar o vinho base com açúcar de cana e leveduras selecionadas, diluídas em um pouco de vinho envelhecido. As garrafas são então fechadas com tampas metálicas e armazenadas deitadas, iniciando-se a segunda fermentação, quando aparece a espuma, que fica aprisionada. Os franceses chamam *prise de mousse*. A pressão interna à garrafa atinge 6 atmosferas. Apenas para comparar: num vinho frisante tipo *lambrusco*, por exemplo, a pressão não chega a 3 atmosferas.

Mas, voltando ao champanhe, como as leveduras deixam resíduos, as garrafas são transportadas para um tipo de móvel chamado *pupitre*. Nas *pupitres* as garrafas passam pelo trabalho de *remuage*, pelo qual profissionais giram as mesmas somente no sentido horário, fazendo com que se inclinem progressivamente até que estejam na vertical, de cabeça para baixo, após um ano. Em seguida as garrafas são submetidas a uma salmoura a –20ºC, na qual são congelados os depósitos, que já estão no gargalo. Abrem-se então as garrafas e retiram-se os cilindros de resíduos, no processo conhecido como *dégorgement*, completando-se o líquido com champanhe envelhecido, conhaque ou *armagnac* e açúcar, de cuja quantidade definir-se-á se o champanhe é ***brut***, com teor de açúcar entre 0 e 2%, ***extra-sec*** (2 a 3%), ***sec*** (3 a 6%), ***demi-sec*** (6 a 8%) ou ***doux*** (doce, com teor de açúcar entre 8 e 10%). Há também aqueles que não recebem o licor de expedição e são chamados naturais ou ***dosage zéro***. Ao final o champanhe recebe a rolha de cortiça e a grade ou gaiola. Há ainda o método ***charmat*** (Eugène Charmat), no qual a segunda fermentação acontece em pipas de aço inox ou fibra de vidro e poderá ser completada em duas semanas, portanto muito comercial. Os espumantes produzidos pelo método *charmat*, porém, não são aptos ao envelhecimento.

Champanhes são normalmente cortados. São os clássicos. As uvas utilizadas para a produção dos espumantes são a *chardonnay*, a *pinot noir* e a *pinot meunier*. Quando uma safra é excepcional, são produzidos os *millesimé* ou safrados.

Espumantes clássicos podem envelhecer por, no máximo cinco anos, enquanto os safrados podem atingir dez anos quando guardados adequadamente, considerando temperaturas médias inferiores a 20ºC. No Brasil esses tempos de guarda devem ser reduzidos. Espumantes não devem permanecer em geladeira. Especialistas afirmam que o ar muito seco, as vibrações e a lâmpada interna acendendo e apagando alterarão o vinho!

Os espumantes são bons aperitivos ou companhia de ostras, salmão defumado, caviar, comidas chinesa e japonesa. Envolvem com elegância o sabor de algumas frutas como morango, framboesa e damasco. É o único vinho admitido – e com excelência – ao café da manhã!

O espumante brasileiro, produzido na região de Bento Gonçalves, Garibaldi e Pinto Bandeira já é digno de nota, sendo notável o *Brut* da Casa Don Giovanni. Embora muitas cantinas tenham optado pela produção de espumante do tipo *asti* italiano, a partir de uva moscatel, algumas outras usam o corte champanhe, substituindo apenas a *pinot meunier*, e vêm obtendo produtos de primeira linha, na melhor característica francesa.

O método *Asti*, pelo qual são processados os espumantes daquela região italiana, consiste em interromper a fermentação alcoólica antes que a mesma se conclua. Como conseqüência, haverá açúcar residual, fazendo com que os espumantes *asti* sejam sempre doces. A última fase do processo é a filtragem dos vinhos, ainda plenos de gás carbônico.

Capítulo Décimo-Primeiro

Uvas Tintas, Vinhos Tintos e Boa Mesa

Vale alertar de novo sobre as sugestões de combinação: a uva é apenas um indicador de parceria possível com algum prato, pois os vinhos dela decorrentes podem ser muitos e com personalidades próprias e inconfundíveis. Além disso, boa parte dos grandes vinhos tintos do mundo, sobretudo os do velho mundo, são cortes ou *assemblages*, com traços e caráter verdadeiramente individuais. As características da uva, no entanto, são um bom indicador, diante do crescente uso dos varietais, principalmente no Novo Mundo. Outra lembrança é a da temperatura: no Brasil, muito raramente temos ambientes com temperaturas compatíveis às recomendadas para os vinhos tintos. É preciso então resfriá-los antes do consumo, o que certamente contribuirá no acerto da combinação.

Cabernet Sauvignon

Talvez a uva mais conhecida e mais citada. Com certeza a mais difundida, atualmente, em todo mundo. Sobre a mesma, diz-se que é como a globalização: tem identidade global e personalidade local. Vem da região de *Bordeaux* e é dominante nos grandes vinhos de *Médoc*. Facilmente reconhecível, tem características marcantes, lembrando o *cassis* e outras frutas. Com freqüência lembra também o pimentão. Mas não nos surpreendamos ao identificar um aroma de pão italiano fresquinho, em algum vinho dessa francesíssima uva. Os vinhos feitos com essa uva devem envelhecer durante algum tempo para demonstrar suas qualidades. A *Cabernet Sauvignon* foi transplantada para muitas outras regiões como Califórnia, Chile, Austrália, Argentina, Espanha, Itália e Brasil, sem perder suas características principais. Uma destas é a conformação dos cachos, em geral, grandes e com os bagos mais afastados do que em outras espécies, o que é muito bom para um eficiente escoamento da água da chuva ou da aspersão. Os vinhos da *Cabernet Sauvignon* são companhia excelente das carnes vermelhas (bifes grelhados e outras), além do cordeiro, dos queijos maduros, das lasanhas, do peru, das lingüiças e das caças. Vão muito bem com *fondue* de carne e, quando bem envelhecidos, são companhia para o chocolate. O famosíssimo risoto de alcachofra da Pousada Don Giovanni, em Bento Gonçalves, poderá ter companhia de um *Cabernet Sauvignon* da casa, quando os comensais apreciarem vinhos de corpo expressivo.

Aglianico

Uva tinta introduzida pelos gregos, no sul da Itália, hoje comum na Basilicata e na Campania (Nápoles), onde está presente nos melhores tintos. *Aglianico* dá vinhos leves, secos e frutados, que acompanham pizzas, massas *al sugo* e carnes brancas.

Alicante-bouschet

Aromática muito presente em diversos cortes, no Brasil, inclusive no mais expressivo vinho tipo "Porto" brasileiro, que foi elaborado pela *Maison Forestier*, quando ainda estava presente por aqui, na década de 1980.

***Ancelota* ou ancellotta**

Casta de origem italiana que começa a ter presença no Brasil, trazida, em meados dadécada de '90, pela família Brandelli (Don

Laurindo). Trata-se de uma tinta com excepcional quantidade de pigmentos, levando seus vinhos ao púrpura. Equilibra muito bem os vinhos tânicos, como os de *Tannat* ou *Malbec*, conferindo-lhes cor mais intensa e um paladar mais equilibrado, sem prejuízo dos aromas das mesmas. O corte *ancellotta +tannat*, presente no Grand Reserva '99 da Casa Don Laurindo, é ótimo parceiro das carnes assadas com molho ferrugem. O varietal Ancellotta 2000, da mesma casa, é vinho de aromas complexos e excelente corpo. É vinho perfeito se bebido solo, mas acompanha os queijos fortes e os salames, enriquecendo-os. Ambos, Gran Reserva e Ancellotta, devem repousar, pelo menos, por 30 minutos em decantador, antes do consumo, para retirarem do ar sua melhor expressão.

Aragonez

Muito cultivada na inovadora região do Alentejo, já apresentando expressivos monocasta, como o elaborado por João Portugal Ramos, que tanto acompanhará um bacalhau temperado como um *entrecôte*. Trata-se da mesma Tinta Roriz do norte de Portugal (Dão e Douro) ou *Tempranillo* espanhola.

Baga

Principal uva da região de Bairrada, é uma das castas pretas mais expressivas, em Portugal. Base de tintos potentes e bons que podem acompanhar a carne de porco e os pratos de berinjela, também vem sendo apresentada em vinhos monocasta de grande expressão.

Barbera

Uva italiana da área de Piemonte. Vinhos normalmente frutados, com bastante acidez, um tanto rústicos. O vinho do dia-a-dia em Piemonte. No Brasil, foi uma das castas pioneiras entre as viníferas, mas dificilmente aparece nos rótulos. É mais usada para cortes. Os vinhos originais italianos, à base desta uva, acompanham muito bem o salmão defumado puro, os antepastos à moda italiana, o presunto de *Parma* e as massas com molhos à base de tomate (*al sugo*). Podem ser boa companhia também à feijoada.

Bonarda

Outra uva italiana, encontrada no Rio Grande do Sul, mas com maior presença na Argentina. Também é mais usada para cortes, a fim de conferir fruta ao vinho.

Cabernet Franc

Outra uva do chamado corte bordalês. Entra em proporções menores em *Médoc*, sendo muito disseminada em *Saint-Emilion* e *Pomerol*. É a base de vinhos frutados, agradáveis e que podem ser consumidos mais rapidamente, sem necessidade de envelhecer tanto. Bastante utilizada na região do *Loire* e também na Itália. No Brasil, foi a vinífera fina tinta mais difundida, quando se iniciou o movimento de substituição de uvas comuns por viníferas. Adaptou-se muito bem ao Rio Grande do Sul e dá bons vinhos, diretos e frutados, como os apresentados pelas casas Angheben; Cavalleri, este produzido a partir de um clone específico, que lhe confere mais cor, aroma e corpo; Dal Pizzol com o tradicional Do Lugar; e Don Giovanni. É boa companhia dos picadinhos, dos pratos ao *curry*, de um filé ao vinho, de vitela e até de um hambúrguer. Vai muito bem com os pratos da cozinha mineira. Quando os comensais de um risoto de alcachofra da Pousada Don Giovanni preferem um vinho mais leve, um *Cabernet Franc* daquela casa fica perfeito na companhia.

Canaiolo

É a uva Toscana que entra com a *Sangiovese* no corte tradicional dos *Chianti*. Os *chianti* acompanham muito bem as *pizzas* de molhos brandos.

Carignan

É a cepa mais comum do sul da França, região da *Provence*. Por não gerar vinhos muito expressivos, o corte está limitado a 40% de presença em qualquer tinto *Côtes de Provence*. Bastante difundida na Espanha (garnacha) e na Califórnia.

Carmenère

Uva francesa de *Bordeaux* que se julgava extinta, desde o desastre da *filoxera*, em meados do século XIX. Foi identificada recentemente no Chile, em pé franco, confundida, por muitos anos com variação de *Merlot*. Seu nome deriva certamente da cor, o tom forte carmim, que sempre termina por emprestar aos vinhos com ela elaborados. Com a retomada da produção, já começa a trazer vinhos que acompanham muito bem as carnes grelhadas e os assados com molhos suculentos. No Brasil, a Adega Cavalleri possui vinhedos desta cepa, já havendo cortado o varietal de Cabernet Franc com 15% da espécie e prometendo para breve um varietal a 100% da mesma.

Castelão Francês ou *Periquita*

Uva portuguesa da qual se produz, em Arrabida, o vinho Periquita, muito conhecido no Brasil. É boa companhia para galinhas temperadas.

Corvina Veronese

A principal uva da DOC de *Valpolicella*, na região do *Veneto*. Na composição dos vinhos aparece ao lado das variedades *Negrara, Rondinella* e *Molinara*.

Dolcetto

Uva de Piemonte que produz vinhos agradáveis, para consumo rápido e, ao contrário do que faz supor o nome, secos, que acompanham queijos leves como a mussarela, carnes frias (*carpaccio*, por exemplo), pimentões recheados e as massas com carne moída.

Espadeiro

Uma das uvas pretas cultivadas na região DOC Vinho Verde.

Gamay (de Beaujolais)

Vinhos frutados, simples, e que devem ser consumidos jovens. Dificilmente conserva suas características fora da região de origem.

Grenache (Garnacha)

Uva preta bastante usada nas *Côtes du Rhône* e em outras partes da França, onde é chamada de Alicante ou Carignan ruiva. Na Espanha dá vinhos fortes e participa de muitos cortes com a *tempranillo*. Não é uva de muita cor. Na Califórnia tem dado vinhos rosados.

Grignolino

Uva da rica região de *Val D'Aosta* e Piemonte, no norte da Itália. Seus vinhos são muito regionais, talvez pela intensidade dos taninos. Apresentam um pálido rubi, quase rosado, com aromas frutados e florais. Na boca têm corpo leve. Acompanham, evidentemente, o arroz a piamontesa e os bolinhos de arroz.

Lambrusco

Ampla variedade de uvas do norte da Itália, especialmente da Emília-Romanha, que dão origem ao vinho frisante de mesmo nome. Os vinhos lambrusco podem ser tintos, brancos ou rosados. O resultado da vinificação dependerá exclusivamente do tempo de permanência das cascas no processo. Os lambrusco são ótima companhia para o presunto tipo Parma, típico daquela região, e os salames. Combina tradicionalmente com um queijo grana padano, levemente regado por um *aceto* (vinagre) balsâmico, degustado com pêras, que amaciam o paladar.

Malbec

Também compõe o corte bordalês. É chamada de *Cot* e entra em pequenas proporções nos grandes vinhos de *Médoc*. Predominante na região de *Cahors*. Presença marcante na Argentina, onde dá origem a varietais fortes, encorpados e redondos, freqüentemente superiores aos irmãos franceses. Desde 1998 aparece na Itália, especialmente no Veneto, onde vem tendo o nome escrito com um h, ao final, Malbech. Não tem presença significativa no Brasil. Acompanha maravilhosamente as costeletas de porco e o lombinho, mas também o pato, o faisão e o ganso.

Merlot

Outra uva de *Bordeaux*, mais precisamente, a rainha do *Pomerol*. Dá vinhos mais redondos, não tão agressivos na juventude, como os da *Cabernet Sauvignon*. Não precisam envelhecer tanto. É plantada também nas zonas de *Médoc* e *Saint-Emilion*. No Brasil, é bastante difundida. Embora seus vinhos sejam muito diferentes dos franceses, as casas Angheben, Boscato, Cordelier, Don Giovanni, Don Laurindo, Pizzato e Vallontano vêm apresentando expressivos exemplares. Acompanha bem os pratos de carne preparados na cerveja, o fígado bovino, os pratos grelhados e o atum. Carne de sol é boa companhia dos tintos à base da *merlot*, assim como as *pizzas*. São bons parceiros de um *äpfelstrudel*, sem creme, é claro.

Mourvèdre

Uva tinta de origem espanhola, presente também na Provence (região mediterrânea da França) e no Chile, onde vem sendo utilizada em cortes com Merlot, contribuindo com seu tom rubi aos produtos assim elaborados.

Molinara

Uva do Veneto que integra a composição dos vinhos Valpolicella.

Nebbiolo

Assim chamada por causa da névoa de Piemonte, noroeste da Itália, de onde é originária. Os vinhos com ela elaborados são encorpados, têm grande concentração de cor e podem envelhecer esplendidamente. É a uva dos grandes de *Barolo, Barbaresco, Gattinara*, que têm muita classe quando chegam ao ponto. Estes vinhos são companhia de carnes secas, contrafilé, caça assada e trufas. Em *Alba* ganha a denominação de *Nebbiolo d'Alba* e os vinhos tendem a ser mais suaves, menos intensos e de amadurecimento mais precoce do que o *Barolo* e, também, o *Barbaresco*.

Negroamaro

Uva tinta do sul da Itália, muito utilizada para cortes.

Pinotage

Cruzamento de *Pinot Noir* com *Cinzault*, desenvolvida na África do Sul, onde dá bons vinhos, que acompanham aves bem temperadas. Já tem presença tímida no Brasil.

Pinot Noir

A grande cepa dos tintos de *Bourgogne*. Uma espécie difícil de cultivar. Embora na região de origem seja espetacular, raramente conserva suas características fora dela. Há muitos tipos derivados. Também importante em *Champagne*, onde empresta corpo e classe ao famoso espumante. No Brasil, é pouco cultivada, mas dá origem a alguns vinhos relativamente elegantes e bons, embora bem diferentes dos de *Bourgogne*. Na Alemanha se apresenta sob o nome de *spatburgunder*, gerando vinhos leves na região de Rheingau – Assmannshauser, mas uns poucos muito expressivos, como o Hollenberg Spätlese trocken Spatburgunder 1999, elaborado por August Kesseler. Os vinhos são parceiros de aves assadas (sobretudo quando acompanhadas de manga), de embutidos, de peixes carnudos, como o tambaqui, o filhote e o tucunaré, de salmão e de caça.

Ramisco

A uva do Colares, região DOC, no alto dos penhascos batidos pelo vento do Atlântico, produz um dos vinhos de maior prestígio em Portugal, e que demora muito para chegar ao ponto.

Refosco

Antiga espécie da região do Vêneto e Friúli, no norte da Itália, mencionada em escritos que remontam ao ano 1300. Tem muitas variedades, sendo a melhor denominada *Refosco Dal Peduncolo Rosso* (Refosco do cacho vermelho), que cresce em todo Friúli. Seus vinhos têm um profundo rubi, aproximando-se do violeta. Os aromas são das frutas vermelhas com tons de especiarias. Na boca são plenos e secos. Acompanham massas, risotos e carnes grelhadas.

Rondinella

Uva do Vêneto que integra a composição dos vinhos *Valpolicella.*

Sangiovese

Uma das mais difundidas castas da Itália Central. A uva principal dos *Chianti*, que acompanham bem as *pizzas* de muzzarela, tomate e orégano e do *Brunello di Montalcino*, especial companhia das massas com molhos vermelhos.

Spatburgunder

Vide *Pinot noir.*

Syrah

A fruta que tem mais classe no corte dos vinhos das *Côtes du Rhône.* Não deve ser confundida com a *Petit Syrah* ou *Duriff.* Uva tinta majestosa, que envelhece até por meio século. Ela entra também na elaboração dos vinhos do sul do *Rhône*, mas cortada com a

Grenache (principal tinta da região), a *Mourvèdre*, a *Marsanne* e a *Cinsault*. Portanto, presente nos Châteauneuf-du-Pape e Gigondas, dentre outras denominações regionais. Típica dos climas quentes, como o do sul da França, teve uma excelente adaptação em terras australianas, para onde foi levada em meados do século XIX, e batizada de *Shiraz*. A *Syrah* só ganhou o resto do mundo após 1970, já conquistando espaços na Itália, na África do Sul (onde também é chamada *Shiraz*) e na Argentina, onde alguns produtores já obtiveram muito bons vinhos. Os vinhos da *Syrah*, apesar da boa presença de taninos – o que lhes dá boa capacidade de envelhecimento – podem ser bebidos com grande prazer desde a juventude, pois os taninos podem ser redondos e doces. Os aromas e sabores mais presentes são: especiarias (pimenta-do-reino preta), frutas escuras maduras (framboesa negra, groselha negra, amora), couro, caça e alcatrão, além de "tostado" e "defumado". Aparecem ainda aromas de gengibre e de chocolate, notas florais (violeta) e, em algumas regiões da Austrália, um toque discreto de hortelã. *Syrah* e *Shiraz*, apesar de idênticas sob o aspecto vitivinícola, são diferentes no sabor, devido às diferenças de *terroirs* e vinificação. A australiana é mais doce e madura, sugerindo chocolate; a francesa dá um vinho com mais presença de pimenta e especiarias. Os vinhos com *Syrah* devem acompanhar caças e carnes frias, carne de boi cozida em vinho tinto, pratos com cogumelos e queijos duros.

Shiraz

Como visto acima, nada mais é do que a *Syrah* adaptada à Austrália, país que a exportou também para a África do Sul e o Brasil. Uva preta que produz um dos vinhos tintos mais famosos do mundo, o *Penfold's Grange*, no qual se apresenta cortada com um mínimo da *Cabernet Sauvignon*, apenas para temperar. Os vinhos australianos e africanos do sul, à base da *shiraz*, acompanham com excelência os pratos apimentados, as carnes de boi ensopadas, os vegetais, pato e peru, o velho *stroganov, strogonoff* ou estrogonofe, o rosbife. São também boa companhia dos chocolates. Os poucos vinhos brasileiros desta casta que começam a aparecer, inclusive aqueles elaborados a partir de uvas do vale do rio São Francisco, pelas casas Lovara e Miolo, de Bento Gonçalves, acompanham com excelência medalhões de picanha grelhados, com arroz e batata *sauté*.

Tannat

Uva da Gasconha, no sudoeste da França. Uva tintureira, que tem o mosto escuro e ajuda a dar cor. Implantada no Brasil, tem produzido vinhos encorpados, de aromas picantes, excelentes no acompanhamento de carnes vermelhas e de aves elegantemente temperadas. Combinam também com queijos pouco gordurosos e podem acompanhar o risoto de alcachofra da Pousada Don Giovanni, quando os comensais exigem um vinho de corpo expressivo.

Tempranillo

A uva principal dos vinhos de *Rioja*, marcados por grande classe, elegância, bom aroma e sabores de frutos vermelhos. Em Portugal é a *tinta roriz* no Douro e no Dão ou ainda Aragonês, no Alentejo. Os vinhos da *tempranillo* são companheiros, por excelência, das caças, das perdizes, das codornas e dos faisões.

Tinta Pinheira

Uma das presenças marcantes nos cortes de vinhos do Vale do Dão.

Tinta Roriz

Outra uva cultivada na região do Vale do Douro, que participa de cortes encorpados da região e é também utilizada na produção de vinhos do Porto. É a *tempranillo* espanhola.

Tintilla

Primeira vinífera trazida pelos colonizadores para as Américas, aqui batizada de *Misión*, por missionários, sobretudo jesuítas.

Tinto Cão

Uva cultivada na região do Vale do Douro, utilizada na produção de vinhos do Porto.

Touriga Nacional

Uma das cepas de maior prestígio em Douro, embora esteja presente nas mais diversas regiões de Portugal. É, de fato, a uva nacional portuguesa de maior expressão. Usada no Porto e nos vinhos de mesa da região. O varietal dessa uva é um vinho intenso, excelente companhia para os queijos leves. Os cortes que a recebem como principal variedade tendem a ser muito bons vinhos.

Trincadeira

Outra uva cultivada nas regiões do Alentejo, participando de cortes dos vinhos da IPR, mas já produzindo alguns varietais expressivos.

Zinfandel

Variedade norte americana cuja origem não está claramente identificada, embora exista disputa acirrada com os italianos, que a consideram a variedade *Primitivo*, da Puglia. Dá origem a diversos vinhos, inclusive brancos (blanc-de-noir), os conhecidos *white zinfandel* e alguns fortificados. Mas os tintos são efetivamente os mais expressivos, potentes e encorpados, com taninos maduros e domesticados.

Capítulo Décimo-Segundo

Avaliação de vinhos e principais termos adotados

A apreciação das características organolépticas dos vinhos, com atribuição de **nota**, é a avaliação (termo oficial). Trata-se da análise sensorial, do exame das propriedades do vinho por meio dos órgãos dos sentidos. Nas avaliações de vinhos, os avaliadores podem conferir até 100 pontos (nota máxima), obtidos pela soma de 10 pontos para a impressão visual, 30 pontos para o exame olfativo e 60 pontos para o exame gustativo. Os vinhos que obtêm notas entre 90 e 100 são considerados **excelentes**, **excepcionais** e recebem o símbolo de cinco estrelas; entre 80 e 89, são **diferenciados, muito bons** e recebem quatro estrelas; entre 70 e 79, **bons, honestos**, são os três estrelas; entre 60 e 69, **razoáveis, simples** e recebem duas estrelas; entre 50 e 59, são considerados **fracos, aceitáveis** e recebem uma estrela. Com nota entre 0 e 49, um vinho é **desclassificado, ruim** e recebe a letra D, como símbolo.

É sempre bom destacar que tal categorização é internacional, vigorando em todos os países. Os conceitos que conduzem os especialistas às notas são absolutos, tanto valendo na França como no Brasil. Em 2002, nenhum vinho nacional atingiu quatro ou cinco estrelas na avaliação da Associação Brasileira de Enologia, realizada em setembro do mesmo ano. Isso não significa, porém, que muitos produtos daquela safra não nos impressionem pela elegância, equilíbrio etc.

Como você poderá concluir, a terminologia apresentada a seguir para exprimir as virtudes e os defeitos dos vinhos, tende a ser subjetiva. Mas algumas descrições são claras e objetivas. Com a prática, você perceberá que há coerência entre as definições e as sensações experimentadas.

Os termos são internacionalmente reconhecidos e foram introduzidos por experientes enólogos e *sommeliers*. Observe a indicação V, O ou G, após cada termo, para indicar se é referido à análise visual, olfativa ou gustativa.

Abocado ou **adamado** (G) – vinho levemente doce, amável.

Aberto (V) – vinho de cor clara. No entanto, diz-se que um vinho está **abrindo** quando se percebe que está havendo (ou houve) crescimento das características (em especial do aroma), com certo tempo após a abertura da garrafa.

Acariciante (G) – vinho cujo teor de glicerina é equilibrado e flui agradavelmente.

Acastanhado (V) – nuança de cor dos vinhos tintos, lembrando a cor da castanha ou do tijolo. Geralmente associada a vinhos envelhecidos.

Acetificado (O) – vinho com forte presença de ácido acético ("avinagrado").

Acidez (G) – formada pelos ácidos presentes no vinho, com origem na fermentação ou da própria uva. Em determinadas concentrações, confere ao vinho vivacidade, sapidez e frescor. Pode ser fixa – pela presença dos ácidos orgânicos (tartárico, málico, lático, cítrico) – ou volátil, proveniente do acetato de etila.

Acídulo (G) – vinho no qual existe um ligeiro excesso de acidez, mas ainda agradável.

Acre (G) – indica a sensação desagradável de excessiva acidez e tanicidade, provocando irritação das mucosas.

Adstringente (G) – vinho com excesso de taninos, áspero, duro, que deixa na boca uma sensação de **cica**. É uma característica dos tintos jovens. Popularmente chamado de "rascante".

Adulterado (V, O, G) – usa-se para indicar um vinho acrescido de substâncias estranhas à sua composição e/ou não admitidas por lei.

Afinado (O, G) – vinho que evoluiu corretamente, adquirindo perfeito equilíbrio entre aroma e sabor.

Agradável (O, G) – expressão usada quando o conjunto aroma-sabor está organolepticamente equilibrado.

Agressivo (G) – vinho com excesso de acidez e adstringência, ainda jovem ou em processo de evolução.

Agridoce (G) – grave doença do vinho, provocada por bactérias láticas que transformam os açúcares residuais em manite, provocando um sabor ao mesmo tempo acre (devido aos ácidos) e doce (pela manite), que lembra a fruta passada, muito madura.

Agulha (G) – sensação tátil proveniente da presença do gás carbônico, bem característica dos vinhos verdes.

Alaranjado (V) – nuança de cor dos vinhos tintos, lembrando a cor da casca da laranja madura. Característica de vinhos envelhecidos.

Alcoólico (O, G) – vinho no qual o elevado teor de álcool é percebido de maneira desarmônica, acima dos demais componentes.

Alterado (V, O, G) – vinho que sofreu qualquer mutação de caráter físico-químico ou enzimático.

Amargo (G) – um dos quatro sabores elementares percebidos na língua, provocado por substâncias fenólicas, entre as quais o tanino. Doença causada por bactérias láticas, que atacam a glicerina e a transformam em acroelina, que, combinando-se em seguida com os polifenóis, provoca amargor.

Amável (G) – vinho suave ou ligeiramente doce.

Âmbar (V) – tonalidade de amarelo, cor típica de alguns vinhos licorosos. Nos vinhos comuns denota oxidação ou madeirização.

Amplo (O, G) – vinho com características completas: ***bouquet*** rico e com muitas nuanças, oferecendo agradáveis sensações olfato-gustativas.

Apagado (O) – vinho de aroma inexpressivo.

Ardente (G) – vinho que provoca uma sensação tátil de causticidade (queimação), devido a seu alto teor alcoólico.

Aristocrático (V, O, G) – vinho excepcionalmente fino, harmônico, procedente de uvas de ótima safra.

Aromático (O) – vinho cujo aroma provém diretamente de casta aromática.

Áspero (G) – vinho rico em taninos ou em acidez, bastante duro. Geralmente associado aos tintos jovens.

Atijolado (V) – indica o vinho tinto cuja cor tende ao ocre, lembrando o vermelho-tijolo e apresentando uma tonalidade pouco vivaz. É uma característica dos vinhos envelhecidos.

Atípico (O, G) – vinho que não apresenta qualquer elemento ou caráter de tipicidade.

Austero (O, G) – diz-se de um grande vinho, com bom corpo, bem estruturado e envelhecido, que manteve uma ligeira tanicidade.

Aveludado (G) – vinho extremamente macio, lembrando a textura do veludo.

Avinagrado (G) – que apresenta excesso de ácido acético; vinho próximo de se tornar vinagre.

Balanceado (G) – vinho que apresenta harmonia entre os aspectos gustativos fundamentais, em especial a acidez, a doçura, a adstringência e o teor alcoólico; o mesmo que equilibrado e harmônico.

Branco-papel (V) – vinho quase incolor. Característica de alguns brancos jovens.

Brilhante (V) – vinho com perfeita transparência e luminosidade. Característica dos brancos jovens.

Caráter (O, G) – conjunto de qualidades que dão personalidade própria ao vinho, permitindo distingui-lo entre outros.

Carnoso (G) – vide encorpado.

Cereja (V) – cor um pouco viva dos rosados, lembrando a cereja.

Chato (G) – vinho com carência de acidez fixa.

Cheio (G) – vide encorpado.

Clarete (V) – cor mais carregada que o cereja; tonalidade que, nos rosados, mais se aproxima dos vinhos tintos.

Complexo (O) – vinho com múltiplos aromas, com buquê.

Corpo ou **extrato** (G) – é constituído de todos os elementos que permanecem após a evaporação da água, do álcool e das substâncias voláteis. Na prática, é formado por taninos, ácidos, sais minerais e substâncias pécticas.

Cozido (G) – sabor que adquirem certos vinhos submetidos a um processo de pasteurização mal conduzido.

Curto (O, G) – vinho de pouca persistência olfato-gustativa, fugidio, que não deixa o sabor permanecer na boca.

Decidido (G) – vinho com sabor franco e marcante.

Decrépito (V, O, G) – vinho que, por excesso de envelhecimento, apresenta-se apagado, quase sem perfumes, cor ou sabor.

Defeituoso (O, G) – vinho que apresenta cheiros ou sabores estranhos, devidos, geralmente, à falta de higiene na cantina ou à má conservação dos recipientes utilizados.

Delgado (G) – vinho de pouco corpo.

Delicado (O, G) – define um vinho elegante, gracioso, com elevado grau de finura, que apresenta particular harmonia e qualidade, não sendo um vinho pleno.

Denso (V) – vinho que, no aspecto visual, se apresenta com densidade superior à da água, viscoso. Característica dos vinhos doces tipo *Sauternes*.

Desarmônico (G) – vinho que, pela carência ou excesso de um ou mais componentes, resulta desequilibrado do ponto de vista gustativo. O mesmo que desbalanceado, desequilibrado.

Doce (G) – vinho no qual o sabor doce dos açúcares predomina sobre os demais sabores. Açúcares residuais acima de 50g/1. No Brasil, o mesmo que **suave**.

Duro (G) – vinho rico em acidez fixa e taninos. Característica de tintos jovens. O envelhecimento, porém, pode diminuir a dureza.

Efervescente (V, O) – diz-se de um vinho que desprende gás carbônico, em forma de pequenas bolhas.

Elegante (V, O, G) – vinho muito equilibrado, fino, de classe.

Encorpado (G) – terminologia usada em degustação para indicar um vinho rico em extrato seco (corpo). O mesmo que carnoso e cheio. (**extrato seco** são as substâncias não voláteis que permanecem depois que um vinho foi submetido à ebulição e à evaporação).

Equilibrado (O, G) – vinho em que todos os componentes estão na proporção correta, principalmente o álcool e os ácidos.

Escorregadio (V, G) – vinho que apresenta densidade semelhante à da água.

Espesso (G) – o mesmo que encorpado, cheio.

Estruturado (O, G) – vinho com boa presença de álcool, ácidos e taninos.

Etéreo (O) – diz-se do perfume que apresenta característico odor de éteres. Próprio dos vinhos envelhecidos.

Evanescente (V) – no exame dos espumantes, refere-se à espuma que desaparece rapidamente.

Farto (G) – vinho muito doce, com baixa acidez.

Fechado (O, G) – vinho jovem, recém engarrafado ou recém aberto e que ainda não demonstra toda potencialidade.

Fiadeiro (V) – vinho doente, que apresenta densidade semelhante à do azeite.

Fim-de-boca (O, G) – sensações finais, gustativas e olfato-gustativas, percebidas após a deglutição do vinho.

Fino (O, G) – vinho de qualidade, cujas sensações olfativas e gustativas são elegantemente equilibradas.

Firme (O, G) – vinho jovem, com estilo.

Flácido (G) – o mesmo que mole.

Florado ou **floral** (O) – vinho com aroma de flores.

Foxado ou ***foxy*** (O) – odor do pêlo de raposas, que caracteriza os vinhos provenientes de uvas americanas ou de híbridos produtores diretos.

Fragrante (O) – vinho cujo frescor olfativo abre as mucosas nasais, dando uma sensação agradável como a hortelã.

Fraco (G) – vinho sem estrutura.

Franco (O) – indica um vinho que, no seu aspecto olfativo, é absolutamente isento de defeitos.

Fresco (G) – no aspecto gustativo, refere-se ao vinho com ligeiro excesso de ácidos voláteis, mas ainda assim muito agradável, sobretudo nos brancos.

Frio (G) – dá uma sensação de metal.

Frisante (G) – vinho ligeiramente efervescente, com uma certa riqueza de anidrido carbônico, porém inferior à dos espumantes.

Frutado (O, G) – diz-se de um vinho com aroma e gosto de frutas frescas. Características dos vinhos jovens.

Fugaz ou **fugidio** (O, G) – vinho de pouca persistência olfativa e olfato-gustativa.

Generoso (G) – vinho de alto teor alcoólico, porém, acompanhado de uma estrutura e riqueza tais que o tornam plenamente satisfatório e tônico para o organismo, dando uma sensação de bem-estar. Também se usa para indicar os vinhos fortificados com aguardente vínica (tipo Porto).

Gordo ou **gorduroso** (G) – vinho não apenas rico em maciez – provocada pela glicerina – mas também cheio e carnoso, suave e maduro.

Grosseiro (G) – vinho sem elegância, muito adstringente.

Harmônico (G) – vinho em que todos os componentes encontram-se em perfeito equilíbrio.

Herbáceo (O) – particular indício que apresentam certos vinhos jovens, como os de cepa Cabernet Franc, lembrando levemente o aroma de ervas frescas.

Insípido (G) – vinho sem gosto característico, sem caráter.

Intenso (V) – expressão usada para indicar vinhos ricos em matérias corantes, mas também de bom impacto olfativo e gustativo.

Jovem (V, O, G) – vinho que, por não ter ainda completado sua evolução, pode apresentar algum desequilíbrio.

Leve ou **ligeiro** (G) – vinho com pouco corpo.

Límpido (V) – vinho que, no exame visual, apresenta-se totalmente isento de partículas em suspensão.

Longo (O, G) – vinho de boa persistência.

Macio (G) – designa o vinho com bom teor de glicerina, correto nível alcoólico e com pouca acidez; escorrega na boca.

Madeirizado (V, O) – vinho no qual a oxidação levou não só a um escurecimento da cor, mas também à formação de um cheiro característico de aldeídos. Nos vinhos do tipo Madeira e Marsala é um caráter de tipicidade.

Maduro (V, O, G) – vinho que, em sua evolução, atingiu um estágio ideal, com pleno desenvolvimento das características organolépticas.

Magro (G) – vinho pobre em extrato seco. Se não apresentar desequilíbrio, pode ser agradável.

Mercaptano (O) – odor desagradável, devido à formação de compostos sulfurosos.

Metálico (G) – sabor defeituoso conferido ao vinho por certos metais como o cobre e o ferro.

Mofo (O, G) – defeito provocado por um excesso de umidade, causado por bactérias, transmitido ao vinho por tonéis em mal estado de conservação ou através da rolha.

Mole (G) – vinho ao qual faltam totalmente acidez e vivacidade.

Nervoso (O, G) – vinho no qual a riqueza de acidez impressiona viva e favoravelmente os órgãos dos sentidos.

Neutro (G) – vinho sem acidez e sem sabores predominantes, portanto sem um caráter marcante.

Nítido (O, G) – diz-se de um perfume com uma só nuança bem definida ou de um gosto único e bem caracterizado.

Oleoso (G) – vinho com excessiva presença de glicerina, viscoso.

Opalescente (V) – usa-se para indicar um vinho, em particular branco, levemente velado.

Ouro (V) – tonalidade do amarelo própria de certos vinhos brancos, apresentando nuanças que vão do claro ao ouro-antigo.

Oxidado (V, O, G) – vinho alterado em suas características visuais, olfativas e gustativas pelo contato com o ar. Uma das situações mais comuns para rejeição de um vinho, num restaurante, sobretudo em razão de transporte e armazenamento inadequados. A cor fica mais escura que o normal e a acidez tem uma queda acentuada, com uma tendência para o madeirizado. Fique atento diante de um vinho que apresente cor evoluída. Isso significa granada em um vinho tinto e ouro velho em um vinho branco. Verifique-o, então no aroma e na boca. No aroma o vinho oxidado lembra os doces vermute ou xerez, com forte impressão de nozes. Na boca o vinho apresenta sempre menor acidez, sem frutas, magro, com aparecimento da chamada acidez volátil (cheiro de acetona, de removedores ou de vinagre).

Palha (V) – tonalidade do amarelo própria dos vinhos brancos, pode ser clara ou carregada.

Pastoso (G) – diz-se de um vinho espesso, gordo e muito doce, que, na boca, dá a sensação de uma untuosidade enjoativa.

Pele de cebola (V) – nuança de cor dos vinhos rosados.

Pequeno (O, G) – vinho sem caráter, secundário, inferior.

Persistência (O, G) – conjunto de sensações olfato-gustativas percebidas após a deglutição do vinho, que podem ser medidas em segundos.

Pesado (G) – vinho encorpado, mas com pouca acidez; sem firmeza.

Plano (G) – vinho sem sabor e sem corpo; ou sem corpo e sem acidez; o mesmo que chato.

Pronto (V, O, G) – vinho que está apto a ser consumido.

Pungente (G) – sensação percebida na boca, causada pela elevada concentração de anidrido carbônico, pela causticidade provocada pelo álcool ou pelo excesso de anidrido sulfuroso.

Púrpura (V) – tonalidade de alguns vinhos tintos, lembrando o vermelho intenso com tendência ao violeta.

Quente (G) – vinho de alto teor alcoólico, que provoca uma agradável sensação de calor.

Raça (O, G) – diz-se que um vinho é de raça ou raçudo, quando tem alta qualidade.

Rançoso (G) – vinho que apresenta sensações desagradáveis provocadas por alterações microbianas, caracterizadas por um gosto de manteiga azeda.

Rapado (G) – o mesmo que magro.

Redondo (G) – vinho rico em glicerina, álcoois e açúcares residuais, quase sempre junto a uma moderada acidez e escasso teor de taninos, que o tornam extremamente macio.

Resinoso (G) – vinho que apresenta sensações de resinas vegetais.

Robusto (G) – diz-se do vinho que é encorpado, nervoso e redondo.

Rolha (*bouchonné*) (O, G) – defeito transmitido ao vinho pela rolha atacada pelo fungo *Armillaria mellea*, um tipo de cogumelo cor de mel, que pode nascer na cortiça, em decorrência de branqueamento e esterilização da rolha, utilizando-se compostos clorados. Tal fungo acarreta a presença da substância conhecida como TCA – tricloroanisole, tão potente que a unidade de medida internacionalmente reconhecida é em "partes por bilhão". Contamina o vinho, provocando um aroma suigeneris, que lembra o mofo ou cogumelo, e que se sobrepõe a todos os outros aromas do vinho, tornando-o literalmente "imbebível".

Rubi (V) – tonalidade típica dos vinhos tintos maduros.

Salgado (G) – anomalia apresentada por certos vinhos ricos em sais minerais.

Sápido (G) – vinho agradável pela justa quantidade de ácidos e de sais minerais.

Seco (G) – pela legislação brasileira, é o vinho que apresenta um máximo de 5g/l de açúcares residuais.

Sedoso (G) – vide aveludado.

Suave (G) – pela legislação brasileira, é o vinho que apresenta um mínimo de 20,1g/l de açúcares residuais. Termo empregado exclusivamente para designar o grau de doçura do vinho.

Sulfídrico (O) – defeito caracterizado pelo cheiro de ovos podres.

Sutil (O, G) – diz-se de um perfume muito ligeiro ou de um vinho que oferece poucas e fracas sensações gustativas.

Tânico (G) – vinho rico em taninos, encontrados principalmente nos tintos jovens; o mesmo que adstringente.

Tênue (O) – vinho de pouca intensidade olfativa.

Terroso (G) – vinho com o sabor de terra, do solo de onde veio a uva. O *terroir* do vinho é a marca da região onde está a vinha.

Típico (V, O, G) – vinho no qual os caracteres de tipicidade são decisivamente marcados.

Transparência (V) – característica visual essencial a todos os vinhos de qualidade, tintos ou brancos. Na prática, um vinho é transparente quando permite a visão de um objeto colocado atrás do copo. Não deve ser confundida com limpidez.

Turvo (V) – vinho com limpidez totalmente alterada, com grande quantidade de substâncias coloidais em suspensão.

Untuoso (G) – vinho com grau de maciez maior do que sedoso, aveludado.

Vazio (G) – vinho pobre, sem corpo, sem gostos satisfatórios.

Velado (V) – vinho com pouca limpidez.

Velho (O, G) – vinho que atingiu o último estágio de sua evolução e que ainda mantém características organolépticas apreciáveis. Vinho envelhecido.

Verdeal (V) – tonalidade dos vinhos brancos em que prevalecem reflexos esverdeados.

Vigoroso (O, G) – vinho com uma sólida estrutura, que transmite sensações de calor e de energia.

Vinoso ou **Vinhoso** (V) – característica dos vinhos jovens, lembrando o cheiro do mosto da uva.

Viscoso (G) – vide oleoso.

Vivo (G) – vinho com ligeiro excesso de acidez, porém ainda agradável.

... e haveria muito mais a dizer...

Referência Bibliográfica

BRAGA, D.; ALZER, C. *Tradição, conhecimento e prática dos vinhos*. Associação Brasileira de Sommeliers. Rio de Janeiro.

CENTRO de INFORMAÇÃO e PROMOÇÃO do VINHO VERDE. *Rota dos vinhos verdes*. Porto.

COOPER, Rosalind. *Como escolher os melhores vinhos alemães*. Rio de Janeiro: Ao Livro Técnico.

COPELLO, Marcelo. *O diário de um náufrago em um mar de vinho*. Rio de Janeiro: IBPI Press, Livraria e Editora Infobook Ltda.

FREI BETTO. *Comer como um Frade – Divinas receitas para quem sabe por que temos um céu na boca*. Rio de Janeiro: Francisco Alves.

GABINETE DA ROTA DO VINHO DO DÃO. *Rota do vinho do Dão*. Viseu.

GALVÃO, Saul. *Tintos e Brancos*. São Paulo: Ática.

GALVÃO, Saul. *A cozinha e seus vinhos*. São Paulo: Editora SENAC.

JOHNSON, Hugh. *Guide du Vin*. Paris: Robert Laffont.

LE CORDON BLEU. *Vinhos*. São Paulo: Editora Marco Zero.

LONA, Adolfo Alberto. *Vinhos*. Porto Alegre: AGE Editora.

MARTINS, João Paulo. *Vinhos de Portugal 2001*. Lisboa: Publicações D. Quixote.

MELO, Josimar. *Vinhos: um guia básico*. Empresa Folha da Manhã S.A.

MIRANDA, Fernando. *Arte e Vinho*. Rio de Janeiro: Acxel Books.

PACHECO, Aristides de O., SILVA, Helena Siwla. *Vinhos & Uvas*. São Paulo: Editora SENAC.

PERCUSSI, Luciano. *Convite ao vinho*. São Paulo: Nova Alexandria.

PIRES, Luciano. *Enciclopédia de Vinhos*. Rio de Janeiro: Record.

SANTOS, Sérgio de Paula. *Vinho e história*. São Paulo: Dórea Books and Art.

SELDON, Philip. *O mais completo guia sobre vinho*. São Paulo: Editora Mandarim.

SICHERI, Giuseppe. *Il libro completo del vino*. Novara: De Agostini.

SIMON, Joanna. *Vinho e comida*. São Paulo: Cia das Letras.

SMITH, Jeff. *Cozinhando com o vinho*. Frugal Gourmet. Rio de Janeiro: Ediouro.

SOUSA Neto, Júlio A. de, ARRUDA, Carlos J. S. *Guia dos vinhos brasileiros 2001*. São Paulo: Market Press Editora.

WALTON, Stuart. *Manual Enciclopédico do Vinho*. Lisboa: Editorial Stampa.

Sugestões de 'Sites' (páginas) na Internet

www.abs-rio.com.br

www.enologia.org.br

www.academiadovinho.com.br

www.expand.com.br

www.lapastinanews.com.br

www.mistral.com.br

www.viadelvino.com.br

www.vinho.com.br

www.vinhonet.com.br

www.winexperts.com.br

www.sommelier.com.br

www.strauss.com.br (taças)

www.artdescaves.com.br(adegas)

www.iwronline.com

www.worldwine.com

www.winenews.com

www.planetavino.com(Chile)

www.vinosdechile.cl

www.riedel.com(taças)

www.iacchos.com

http://jobs.gallo.com

www.catenawines.com (Argentina)

www.trapiche.com.ar

www.lagarde.com.ar

www.luigibosca.com.ar

www.ivv.pt

www.companhiadovinho.sapo.pt

www.vinhos.online.pt

www.azeitao.net

www.mercatura.pt

www.oiv.int/fr

www.epicuria.fr

www.champagnes.fr

www.oeno.tm.fr(links diversos)

www.champagne.net

www.vin-fr(links diversos)

www.chianti.net (links diversos)

www.vino-italia.it(links diversos)

www.larioja.com(Espanha)

www.filewine.es(links diversos)

www.marquesderiscal.es

www.wein.de(links diversos)

www.ocucaje.com(Peru)

www.nzwine.co.nz(links diversos)

www.tacama.com(Peru)

www.nicks.com.au

www.uncork.com.au

www.penfolds.com.au

Índice Remissivo de Pratos para Harmonização com Vinhos

... e nunca se esqueça: na harmonização entre comida e vinho, o fator mais relevante é a força do prato, ou seja, o peso de sal, de doce, de temperos e do ingrediente principal. O elemento que sobressair é que deverá dar o tom para a combinação.

Um grande abraço e boa mesa!

Rogerio Dardeau

Apêndice 1

Lista de Castas por Regiões de Portugal e Sinonímia Adotada

Segundo o Recenseamento Geral da Agricultura de Portugal, realizado em 1999 e divulgado pelo Instituto Nacional de Estatística, são adotadas as seguintes denominações para as castas de uvas, em Portugal.

DOURO e MINHO

CASTAS BRANCAS

Alvarinho – Galego ou Galeguinho (Ponte de Lima); **Arinto** – Pedernã, Pedernão, Asal Espanhol, Asal Galego, Pé de Perdiz Branco, Rabo de Ovelha, Chapeludo, Perdigão, Cerceal. **Asal Branco** – Asal da Lixa, Carvalhal, Gadelhudo, Espinheira. **Avesso**; **Batoca** – Alvaraça; **Loureiro** – Branco Redondo, Arinto, Moscatel; **Malvasia(s)**; **Pedernã** – Arinto; **Rabo de Ovelha** – Medock, Rabigato, Rabo de Gato, Estreito Macio, Rabo de Carneiro; **Trajadura** – Trincadente, Trincadeira.

CASTAS TINTAS

Asal Tinto – Amaral; **Borraçal**; **Brancelho** – Alvarelhão Ceitão, Brancelhão, Pirruivo; **Espadeiro** – Padeiro(a) de Basto, Espadão,

Espadal, Murço ou Arenal, Cinza, Farinhoto, Nevoeiro, Tinta Pobres; **Pedral**; **Rabo de Ovelha**; **Vinhão** – Tinto(a), Tinto Nacional, Tinto Antigo, Negrão Pé de Perdiz, Espadeiro Preto, Tinto da Parada, Espadeiro da Tinta.

TRÁS-OS-MONTES

CASTAS BRANCAS

Assario Branco – Malvasia Fina ou Galega; **Boal** – Semillon (Stª Marta de Penaguião); **Cerceal**; **Côdega** – Malvasia Grossa (Regional); **Diagalves** – Formosa; **Fernão Pires**; **Folgasão**;

Gouveio – Verdelho; **Malvasia(s)**; **Moscatel(is)**; **Rabigato**; **Rabo de Ovelha.**

CASTAS TINTAS

Bastardo – Abrunhal; **Cornifesto**; **Malvasia Preta** – Moreto do Dão; **Mourisco Tinto** – Marufo; **Tinta Barroca**; **Tinta Carvalha**; **Tinta Roriz** – Tinta Monteira (Torre do Corvo e S. João da Pesqueira); **Tinto Cão**; **Touriga Francesa** – Mourisco de Semente e Flôr do Douro (Regional), Tinta Barca (Armamar e Lamego); **Touriga Nacional** – Azal Espanhol, Preto de Mortágua, Tourigão, Touriga Fêmea e Touriga Macho (Regional); **Trincadeira Preta** – Tinta Amarela, Castelão da Cova da Beira, Crato Preto, Mortágua, Boca de Mina, Tinta Grossa (Regional).

BEIRA LITORAL

CASTAS BRANCAS

Arinto – Arinto de Bucelas, Arinto da Bairrada, Pedernã (V. Verdes), Pedernão (Douro); **Barcelo**; **Bical** – Borrado das Moscas, Pintado dos Pardais, Cerceal; **Cerceal**; **Dona Branca**; **Encruzado** – Salgueirinho; **Esgana Cão** – Esganoso de Castelo de Paiva, Sercial;

Fernão Pires – Maria Gomes; **Malvasia(s)**; **Rabo de Ovelha**; **Roupeiro** – Síria; **Tamarez** – Arinto Gordo, Boal Prior, Trincadeira do Douro; **Terrantês**; **Uva Cão**; **Verdelho** – Gouveio; **Vital** – Boal Bonifácio, Malvasia Corada.

CASTAS TINTAS

Alfrocheiro Preto – Pé de Rato, Touriga Francesa de Viseu; **Alvarelhão**; **Amaral** – Azal Tinto;

Aragonês – Tinta Roriz, Tinta de Santiago; **Baga** – Bago(a) de Louro, Poeirinho(a), Carrega Burros, Paga Dívidas (Regional); **Bastardo** – Bastardinho; **Camarate** – Castelão Nacional, Moreto do Douro, Moureto de Souro, Negro Mouro; **Jaen** – Jaen Galeno; **Periquita**; **Tinta Pinheira** – Rufete, Penamacor; **Tinto Cão**; **Touriga Nacional** – Tourigão e Tourigo Antigo (Regional); **Tourigo**; **Trincadeira Preta** – Tinta Amarela (Bairrada), Murteira (Regional).

BEIRA INTERIOR

CASTAS BRANCAS

Alicante Branco; **Arinto**; **Barcelo**; **Bical**; **Cerceal**; **Côdega** – Côdo ou Síria, Uva Grossa, Uva Gorda, Boal, Malvasia Branca, D. Branca, Sario (Regional); **Donzelinho**; **Encruzado**; **Esgana Cão** – Cercial de Esgana, Pedernão de Esgana; **Fernão Pires**; **Folgasão** – Malvasia da Trincheira, Promissão; **Fonte Cal**; **Malvasia(s)**; **Pérola**; **Rabo de Ovelha** – Rabigato, Estreito; **Tamarez**; **Terrantês**; **Uva Cão**; **Verdelho**; **Viosinho.**

CASTAS TINTAS

Alfrocheiro Preto; **Alvarelhão**; **Aragonês** – Tinta Roriz, Tinta de S. Tiago; **Baga** – Tinta Bairrada, Rifete, Preto Rifete, Poeirinho, Pretinho, Rosete, Moreto, Gonçalveira, Tinta Fina, Povolide, Morete (Regional); **Bastardo** – Bastardinho, Pardinho (Regional); **Jaen**;

Marufo – Mourisco, Abrunhal, Marufa, Mourisco Preto, Marujo, Mourico, Marouco (Regional); **Mourisco**; **Tinto**; **Periquita**; **Rufete** – Tinta Pinheira, Rifete, Preto Rifete, Rosete; **Tinta Amarela** – Boca de Mina, Tinta Grossa, Trincadeira Preta; **Tinta Barroca** – Tinta Francesa, Boca de Mina, Tinta Grossa; **Tinto Cão**; **Touriga Nacional** – Touriga, Touriga Fina (Regional); **Trincadeira Preta** – Trincadeira Preta, Preto Rifete, Rosete Espalhado, Rosete Espanhol (Regional).

RIBATEJO e OESTE

CASTAS BRANCAS

Alicante Branco – Pérola, Uva Rei; **Arinto**; **Boal**; **Esgana Cão** – Sercial (Mad), Esgana (Regional); **Fernão Pires** – Gaeiro (Oeste); **Jampal**; **Malvasia(s)**; **Moscatel de Setúbal** – Moscatel Málaga, Moscatel Alexandria; **Moscatel(is)**; **Rabo de Ovelha**; **Seara Nova**; **Tália** – Branquinha (Ribatejo); **Trincadeira das Pratas**; **Vital** – Boal Bonifácio (Oeste).

CASTAS TINTAS

Alicante Bouschet – Alicante Tinto, Tinta Fina; **Baga** – Baga de Louro, Poeiriho, Tinto da Bairrada, Pretinho, Rifete, Preto Rifete; **Cabernet Sauvignon**; **Camarate** – Castelão Nacional (Ribatejo), Mortágua de Vide Preta (Cartaxo), Mortágua (Arruda); **Periquita** – Castelão Francês (Ribatejo), João Santarém (Oeste), Mortágua de Vide Branca (Cartaxo); **Preto Martinho** – Amostrina (Arruda e Bucelas); **Ramisco**; **Tinta Miúda**; **Tinta Roriz** – Aragonês; **Trincadeira Preta** – Mortágua (Torres Vedras), Preto Martinho (Arruda e Bucelas), Espadeiro ou Murteira (Setúbal).

ALENTEJO

CASTAS BRANCAS

Antão Vaz; **Arinto**; **Boal** (Alicante); **Côdega** – Roupeiro; **Diagalves** – Formosa, Formosa Dourada, Pendura; **Fernão Pires**; **Manteudo** – Moreto Branco (Amareleja); **Rabo de Ovelha**; **Roupeiro**; **Tamarez** – Boal Prior (Ribatejo - Oeste).

CASTAS TINTAS

Alfrocheiro Preto – Alforcheiro (Regional); **Alicante Bouschet** – Alicante Tinto, Tinta Fina; **Aragonês** – Tinta Roriz, Tinta Santiago; **Grand Noir** – Sumo Tinto; **Monvedro**; **Moreto** – Castelão ou Tinta Alter (Portalegre), Tinta (Cabeção); **Periquita** – João Santarém; **Tinta Roriz** – Aragonês; **Tricadeira Preta** – Castelão (Cabeção),Espadeiro (Redondo).

ALGARVE

CASTAS BRANCAS

Arinto; **Boal**; **Crato Branco** – Síria; **Diagalves** – Pendura, Pendura Amarela; **Manteúdo** – Vale Grosso; **Moscatel(is)**; **Rabo de Ovelha**; **Tamarez**.

CASTAS TINTAS

Crato Preto – Trincadeira Preta; **Monvedro** – Bonvedro; **Moreto**; **Negra Mole**; **Periquita**; **Trincadeira Preta**.

REGIÃO AUTÔNOMA DOS AÇORES

CASTAS BRANCAS

Arinto; Boal; Fernão Pires; Generosa; Rio Grande; Seara Nova; Terrantês; Verdelho.

CASTAS TINTAS

Agronómica; Complexa; Periquita; Rufete; Saborinho; Verdelho Roxo.

REGIÃO AUTÔNOMA DA MADEIRA

CASTAS BRANCAS

Boal; Caracol; Listrão; Malvasia; S. Jorge; Sercial; Verdelho.

CASTAS TINTAS

Complexa; Tinta Negra Mole.

ÍNDICE ALFABÉTICO REMISSIVO

A

D

Este livro, da MAUAD Editora,
foi impresso em papel ofsete 70g,
na gráfica Parkgraf